PICTURE DICTIONARY

FRENCH-ENGLISH

FRENCH-ENGLISH PICTURE DICTIONARY

Illustrated by Kathryn Adams, Pat Gangnon, Colin Gillies, David Shaw and Yvonne Zan.
Designed by David Shaw and Associates.

Color separations by New Concept Limited

Printed in Canada by Metropole Litho Inc.

In this dictionary, as in reference works in general, no mention is made of patents, trademark rights, or other proprietary rights which may attach to certain words or entries. The absence of such mention, however, in no way implies that the words or entries in question are exempt from such rights.

English language editors: P. O'Brien-Hitching, R. LeBel, P. Rényi, K. C. Sheppard.

French editors: by Sophie Arthaud, René Le Bel, Gina Lepage, Pierre Rényi, Patrice Soulard

Originally published by Éditions Rényi Inc., Toronto, Canada

Distributed exclusively in trade and education in the United States of America by Langenscheidt Publishers, Inc., Maspeth, New York 11378

Hardcover	ISBN 0-88729-851-6
Softcover	ISBN 0-88729-857-5

Distributed outside the USA by Éditions Rényi Inc., Toronto, Canada

Hardcover	ISBN 0-921606-02-8
Softcover	ISBN 0-921606-47-8

INTRODUCTION

Some of Canada's best illustrators have contributed to this Picture Dictionary, which has been carefully designed to combine words and pictures into a pleasurable learning experience.

Its unusually large number of terms (3336) makes this Picture Dictionary a flexible teaching tool. It is excellent for helping young children acquire language and dictionary skills. Because the vocabulary it encompasses is so broad, this dictionary can also be used to teach new words to older children and adults as well. Further, it is also an effective tool for teaching English as a second language.

THE VOCABULARY

The decision on which words to include and which to leave out was made in relation to three standards. First, a word-frequency analysis was carried out to include the most common words. Then a thematic clustering analysis was done to make sure that words in common themes (animals, plants, activities etc.) were included. Finally, the vocabulary was expanded to include words which children would likely hear, ask about and use. This makes this dictionary's vocabulary more honest than most. 'To choke', 'greedy', 'to smoke' are included, but approval is withheld.

This process was further complicated by the decision to *systematically* illustrate the meanings. Although the degree of abstraction was kept reasonably low, it was considered necessary to include terms such as 'to expect' and 'to forgive', which are virtually impossible to illustrate. Instead of dropping these terms, we decided to provide explanatory sentences that create a context.

Where variations occur between British and North American English, both terms are given, with an asterisk marking the British version (favor/favour*, gas/petrol*).

USING THIS DICTIONARY

Used at home, this dictionary is an enjoyable book for children to explore alone or with their parents. The pictures excite the imagination of younger children and entice them to ask questions. Older children in televisual cultures often look to visual imagery as an aid to meaning. The pictures help them make the transition from the graphic to the written. Even young adults will find the book useful, because the illustrations, while amusing, are not childish.

The dictionary as a whole provides an occasion to introduce students to basic dictionary skills. This work is compatible with school reading materials in current use, and can serve as a 'user-friendly' reference tool.

Great care has been taken to ensure that any contextual statements made are factual, have some educational value and are compatible with statements made elsewhere in the book. Lastly, from a strictly pedagogical viewpoint, the little girl featured in the book has not been made into a paragon of virtue; young users will readily identify with her imperfections.

À TOUS MES NOUVEAUX AMIS

Je m'appelle Julie. Je vais à l'école. J'apprends à nager. J'ai un petit frère et mille idées. Si tu veux rencontrer mon papa, qui est amiral, regarde à droite au bas de la page. Maman est à la page suivante, en haut. Pour faire ma connaissance, rends-toi directement au mot ''calme''.

Les gens pensent parfois que les dictionnaires sont des livres ennuyeux. C'est sans doute qu'ils n'ont jamais vu celui-ci, qui parle de moi, de ma famille et de mes amis.

Cinq grandes personnes se sont beaucoup amusées à faire les illustrations. Moi, j'ai dessiné une image, celle du zèbre : essaie de la trouver!

Je dois te quitter maintenant. Mais tu me retrouveras, page après page.

le boulier

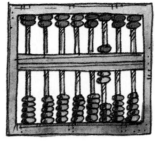

1   abacus

de, environ, autour de

Parle-moi **de** cela.
Cela prend **environ**
une heure.
Jacques regarde
autour de lui.

Tell me about it.
It takes about an hour.
Jacques looks about him.

2   about

La pomme est **au-dessus**
de sa tête.

3   above

Paul est **absent** aujourd'hui.

4   absent

Toutes les autos ont
un accélérateur.

5   accelerator

un accent

John a **un accent**
britannique.
Mets **l'accent** sur la
première syllabe.

John has a British accent.
Put the accent on the first
syllable.

6   accent

un accident

7   accident

un accordéon

8   accordion

On **a accusé** Sophie.

9   to accuse

un as de pique

10   ace

J'ai **mal** à la tête.

11   My head aches.

Un acide peut brûler la peau.

12   acid

Le gland est le fruit du chêne.

13   acorn

une acrobate

14   acrobat

de l'autre côté, à travers

Paul habite **de l'autre côté**
de la rue.
Alice court **à travers**
champs.

Paul lives across the street.
Alice runs across the fields.

15   across

additionner

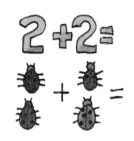

16   to add

C'est **l'adresse** de Julie.

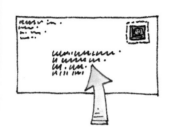

17   address

Le papa de Julie est **amiral.**

18   admiral

Bertrand **adore** Claire.

19   to adore

Un adulte est une grande personne.

20   adult

Avance ton roi!

21   to advance

Barnabé a **l'avantage**.

22   advantage

La maman de Julie aime **l'aventure**.

23   adventure

Philippe **a peur**.

24   He is afraid..

L'Afrique est un continent.

25   Africa

après

Tu peux jouer **après** le dîner.
Répète **après** moi!
Cours **après** la balle!

*You can play after dinner.
Repeat after me!
Run after the ball!*

26   after

L'après-midi commence à 12 heures.

27   afternoon

encore, de nouveau

Joue **encore** ce morceau!
C'est ton tour **de nouveau**.

*Play it again!
It is your turn again.*

28   again

Minou se frotte **contre** les jambes de François.

29   to rub **against**

Quelle différence d'**âge**!

30   age

une personne **agile**

31   **agile** person

Le bateau **s'est échoué**.

32   aground

devant, à l'avance

Hélène est assise **devant** Pierre.
Planifie tes vacances **à l'avance**!

*Hélène sits ahead of Pierre.
Plan ahead for your holidays!*

33   ahead

porter **secours**

34   to provide **aid**

Est-ce qu'elle **vise** bien la cible?

35   to aim

Le cerf-volant plane dans **l'air**.

36   air

Zénon dort sur **le matelas pneumatique**.

37   air mattress

un insecte dans un vase **hermétique**

38   airtight

Cet **avion** semble en difficulté.

39   airplane/aeroplane*

Les avions atterrissent à l'aéroport.

40   airport

une allée, un couloir

41   aisle

le réveil, le réveille-matin

42   alarm clock

un album de photos

43   album

La maison est **en feu**.

44   alight

L'un des deux poissons est bien **vivant**.

45   alive

Je les veux **tous**.

46   I want them **all**.

un chat dans **la ruelle**

47   alley

un alligator

48   alligator

une amande

49   almond

Milou peut **presque** attraper l'os.

50   almost

Pourquoi est-il **seul**?

51   alone

Nous marchons **le long de** la rivière.

52   along

à haute voix

53   aloud

un alphabet

A B C D E F G H I J K L M
N O P Q R S T U V W X Y Z

a b c d e f g h i j k l m
n o p q r s t u v w x y z

54   alphabet

Est-ce que je dois **déjà** partir?

55   Do I have to go **already**?

Je n'ai **pas** de mal, ça va.

56   I am **alright**.

J'en veux **aussi**.

57   I **also** want some.

une échelle en **aluminium**

58   aluminum/aluminium* ladder

Je tombe **toujours**.

59   I **always** fall down.

une ambulance

60   ambulance

un loup **parmi** les moutons

61   wolf **among** sheep

une ancre

62   anchor

des ruines **anciennes**

63   ancient

un angle

64   angle

Il est **fâché**.

65   He is **angry**.

les animaux

66   animals

la cheville

67   ankle

annoncer

68   to **announce**

un **autre** sandwich

69   **another** sandwich

La réponse est...

70   The **answer** is...

la fourmi

71   ant

L'Antarctique

72   Antarctic

une antilope

73   antelope

les bois de l'élan

74   antlers

Je **n'**ai **pas** d'argent.

75   I do not have **any** money.

Ça mange **de tout**.

76   It eats **anything**.

Il ne peut aller **nulle part**.

77   He cannot go **anywhere**.

à part, séparé

78   apart

le singe

79   ape

la ruche des abeilles

80   apiary

---

faire ses excuses, excuser

Faire ses excuses, c'est demander pardon.
Excusez-moi d'être en retard!

To apologize means to say you are sorry.
I apologize for being late!

81   to apologize / apologise*

---

apparaître

Le magicien a fait **apparaître** un lapin.
Le soleil **apparaît** à l'horizon.

The magician made a rabbit appear.
The sun appears on the horizon.

82   to appear

---

applaudir

83   to applaud

---

la pomme

84   apple

---

le trognon de pomme

85   apple core

---

approcher

86   to approach

---

un abricot

87   apricot

En **avril**, ne te découvre pas d'un fil!

88   April

---

le tablier

89   apron

---

un aquarium

90   aquarium

---

une arche

91   arch

---

un architecte

92   architect

Il fait un froid glacial dans **l'Arctique**.

93   Arctic

---

discuter, se disputer

94   to argue

---

le bras

95   arm

---

le fauteuil

96   armchair

Le chevalier porte **une armure**.

97   armor / armour*

---

une aisselle

98   armpit

---

autour, environ, vers

Autour du monde en quatre-vingts jours
Un autobus pèse **environ** 6 tonnes.
Nous y serons **vers** midi.

Around the world in eighty days
A bus weighs around 6 tons.
We will be there around noon.

99   around

arranger des fleurs

100   to **arrange** flowers

Le policier **arrête** Jules.

101   to **arrest**

arriver

102   to **arrive**

la flèche

103   arrow

un artichaut

104   artichoke

un artiste

105   artist

aussi, comme

Toto est **aussi** grand que Patrice.
Le petit frère de Paul est beau **comme** un coeur!

*Toto is as tall as Patrice.
Paul's little brother is really cute!*

106   as

la cendre

107   ash

le cendrier

108   ashtray

L'Asie est un continent.

109   Asia

demander son chemin

110   to **ask** for directions

Marie et son chat sont tous deux **endormis.**

111   asleep

les asperges

112   asparagus

Il lui faudra peut-être deux **aspirines.**

113   aspirin

Patrick **a étonné** Jeanne.

114   to **astonish**

un astronaute

115   astronaut

un astronome

116   astronomer

à, au

Hélène est **à** la maison avec son papa.
Ils regardent le tableau.
Va **au** lit tout de suite!

*Hélène is at home with her father.
They are looking at the picture.
Go to bed at once!*

117   at

une athlète

118   athlete

un atlas

119   atlas

l'atmosphère de la terre
120   atmosphere

un atome
121   atom

attacher
122   to attach

Fais **attention**!
123   Pay **attention**!

le grenier
124   attic

un auditoire
125   audience

Août est le huitième mois de l'année.
126   August

Ma **tante** est la sœur de ma mère.
127   My **aunt** is my mother's sister.

L'Australie est la plus grande île du monde.
128   Australia

un auteur
129   author

un réveil **automatique**
130   automatic

L'automne est l'une des quatre saisons.
131   autumn

une avalanche
132   avalanche

un avocat
133   avocado

Pourquoi Jules reste-t-il **éveillé**?
134   awake

Elle est **partie**.
135   She is **away**.

une **affreuse** odeur
136   an **awful** smell

une personne **maladroite**
137   an **awkward** person

une hache
138   axe

Un essieu relie deux roues.
139   axle

B

le bébé	**la voiture d'enfant**	Gratte-moi **le dos**!

140 baby	141 baby carriage/pram*	142 back
des œufs au **lard**	Cette pomme est **mauvaise**.	**un insigne**	**reculer**
144 bacon and eggs	145 bad apple	146 badge	143 to back up
Qu'est-ce qu'il y a dans **le sac**?	**un appât** à souris	**cuire, faire cuire**	**Le boulanger** cuit du pain.
147 bag	148 bait	149 to bake	150 baker
la boulangerie	L'acrobate est bien en **équilibre** sur la corde.	**le balcon**	Pierrot est **chauve**.
151 bakery	152 good balance	153 balcony	154 bald
la balle	**la ballerine**	**le ballet**	**le ballon**
155 ball	156 ballerina	157 ballet	158 balloon

la montgolfière

159   hot air **balloon**

la banane

160   banana

le bandeau

161   band

un orchestre

162   musical **band**

Le pansement fait du bien à Michel.

163   bandage

frapper

164   to bang

Michel descend l'escalier sur **la rampe**.

165   banister

Michel porte son argent à **la banque**.

166   bank

la barre

167   bar

Les bars sont réservés aux adultes.

168   bar/pub*

le fil de fer barbelé

169   barbed wire

Le coiffeur lui coupe les cheveux.

170   barber

un pied **nu**

171   one **bare** foot

une aubaine, des soldes

172   bargain

la péniche

173   barge

aboyer

174   to bark

L'orge pousse dans les champs.

176   barley

la grange

177   barn

la caserne des soldats

178   barracks

une écorce

175   bark

le tonneau, la barrique	**le canon** du revolver	**la barrette**	**la barrière**
179 barrel	180 barrel	181 barrette/hair slide*	182 barrier
la base de la colonne	**le but** de base-ball	**le base-ball**	**le sous-sol**
183 base	184 base	185 baseball	186 basement/cellar*
le basilic	**le panier**	**le basket-ball**	**les bâtons**
187 basil	188 basket	189 basketball	190 bats
192 I am having a bath.	193 bathroom	194 bathtub	191 bat
une pile électrique pour ta radio	Le bateau navigue dans **la baie**.	Maman épice le ragoût avec des feuilles de **laurier**.	**le bazar**
195 battery	196 bay	197 bay leaves	198 bazaar

être

Promets-moi d'**être** gentil!
Antoine **est** très intelligent.
Roméo et Juliette
sont amoureux.

*Promise me that you
will be good!
Antoine is very intelligent.
Romeo and Juliet are in love.*

199   to be

la plage

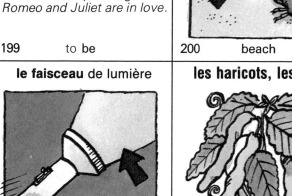

200   beach

la perle

201   bead

le bec

202   beak

le faisceau de lumière

203   beam of light

les haricots, les fèves

204   beans

L'ours fait du vélo.

205   bear

Pépé a une longue barbe.

206   beard

Quelle horrible bête!

207   beast

Paulette bat le tambour.

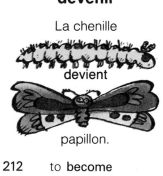

208   to beat

Fifi est belle!

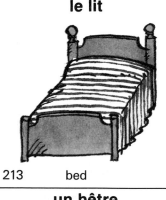

209   beautiful

le castor

210   beaver

Je pleure parce que...

211   I am crying because...

devenir

La chenille

devient

papillon.

212   to become

le lit

213   bed

la lampe de chevet

214 bed lamp/reading light*

la chambre à coucher

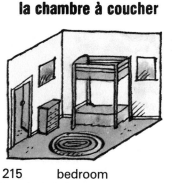

215   bedroom

L'abeille est un insecte utile.

216   bee

un hêtre

217   beech

Les abeilles vivent dans la ruche.

218   beehive

une chope de bière

219   beer

la betterave

220   beet/beetroot*

le scarabée

221   beetle

Lave-toi les mains **avant** le dîner!

222   Wash your hands **before** dinner.

mendier

223   to beg

commencer

Pour **commencer**, prenons le petit déjeuner.
La leçon de piano de Julie **commence** à dix heures.

*To begin with,
let's have breakfast.
Julie's piano lesson begins
at ten o'clock.*

224   to begin

Alice **se conduit bien**.

225   to behave

Noémie se cache **derrière** l'arbre.

226   behind

beige

227   beige

Je **crois** aux dragons.

228   I **believe** in dragons.

la cloche, la clochette

229   bell

le nombril

230   belly button

Il m'**appartient**.

231   He **belongs** to me.

Le chat est **en dessous** de la table.

232   below

la ceinture

233   belt

le banc

234   bench

le tournant de la route

235   bend

plier, tordre

236   to bend

Marcel porte **un béret**.

237   beret

Patricia est **à côté** de l'arbre.

238   beside

autre, d'ailleurs

Ne crois-tu pas que tu devrais manger **autre** chose que du dessert?
D'ailleurs, tu ne devrais pas manger tant de sucre.

Should you not eat something else besides dessert?
Besides, you should not eat so much sugar.

239   besides

la meilleure

240   best

mieux, meilleur

Julie écrit **mieux** que David.
Les fruits sont **meilleurs** que le chocolat.

Julie writes better than David.
Fruit is better than chocolate.

241   better

Philippe marche **entre** les rochers.

242   between

le bavoir

243   bib

la bicyclette, le vélo

244   bicycle

grand

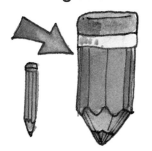

245   big

Le vélo de Philippe a un guidon de course.

246   bike

le billet

247   bill/banknote*

le panneau d'affichage

248   billboard/hoarding*

le jeu de billard

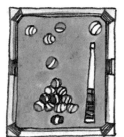

249   billiards/snooker*

attacher

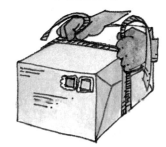

250   to bind/tie up*

les jumelles

251   binoculars

un oiseau

252   bird

la naissance

Julie pesait sept livres à **la naissance**.
La chatte a donné **naissance** à quatre petits chatons.

Julie weighed seven pounds at birth.
The cat gave birth to four little kittens.

253   birth

Bon **anniversaire**!

254   birthday

le biscuit

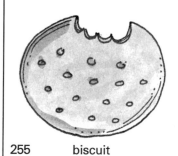

255   biscuit

Frédéric **mord** à belles dents dans son sandwich.

256   to bite

la bouchée, la morsure

257   bite

amer

La bière a un goût **amer.**
Julie a versé des larmes **amères** quand elle a perdu sa poupée.

Beer has a bitter taste.
Julie wept bitter tears when she lost her doll.

258   bitter

noir	**la mûre**	**le merle**	**le tableau noir**
259 black	260 blackberry	261 blackbird	262 blackboard
le cassis	**le forgeron**	**la lame** de l'épée	**blâmer, reprocher**
263 blackcurrant	264 blacksmith	265 blade	266 to blame
la page vierge	**la couverture**	**Une explosion** fait un bruit de tonnerre.	**faire sauter**
267 blank page	268 blanket	269 blast	270 to blast
le feu, l'incendie	**le veston, le blazer**	**L'eau de javel** sert à blanchir le linge.	Elle **saigne** du nez.
271 blaze	272 blazer	273 bleach	274 to bleed
le mélangeur	**un aveugle**	**cligner des yeux**	**Une ampoule,** ça fait mal!
275 blender	276 blind	277 to blink	278 blister

266 to blame:
Papa **a reproché** à Julie d'avoir cassé le vase, mais elle est innocente. C'est David que Papa devrait **blâmer**!

Father blamed Julie for breaking the vase, but she did not do it. Father should blame David!

la tempête de neige

279   blizzard

le cube

280   block

le pâté de maisons

281   block

Le policier lui **bloque** le chemin.

282   to block

les cheveux **blonds**

283   blond/blonde*

une transfusion de **sang**

284   blood

la floraison

285   bloom

Au printemps, les arbres **fleurissent**.

286   to blossom

une grosse **tache** d'encre

287   blot

la blouse, le chemisier

288   blouse

un coup sur la tête

289   a **blow** to the head

souffler

290   to blow

bleu

291   blue

la myrtille, le bleuet

292   blueberries

émoussé

La lame du couteau est trop **émoussée** pour couper la tomate.
Alice n'a pas ménagé ses mots avec lui!

The blade of the knife is too blunt to cut the tomato. Alice was very blunt with him.

293   blunt

Caroline **rougit** facilement.

294   to blush

le sanglier

295   boar

la planche

296   board

se vanter

Christophe **se vante** tout le temps.
Il ne peut pas **se vanter** d'être modeste!

Christophe is always boasting. His modesty is nothing to boast about!

297   to boast

le canot, la barque

298   boat

une épingle à cheveux	**le corps** humain	**bouillir**	**le boulon**
299 bobby pin/hairgrip*	300 body	301 to boil	302 bolt
un os pour le chien	**le feu de joie**	**le livre**	**une étagère à livres**
303 bone	304 bonfire	305 book	306 bookshelf
le boomerang	**la botte**	**la frontière** entre deux pays	C'est dur de **percer** un trou dans du béton!
307 boomerang	308 boot	309 border	310 to bore

né	**emprunter**	**le patron**	**ennuyer**
En quelle année es-tu **né**? C'est un meneur-**né**. *What year were you born?* *He is a born leader.*	Julie **emprunte** souvent la bicyclette de son frère. *Julie often borrows her brother's bike.*		Julie **ennuie** parfois les gens à en mourir! Robert m'**ennuie** avec toutes ses paroles. *Julie can bore people to death!* *Robert bores me because he talks too much.*
312 born	313 to borrow	314 boss	311 to bore

tous deux	**la bouteille**	**un ouvre-bouteille, un décapsuleur**	**le fond** de l'aquarium
Natalie et Mathieu sont **tous deux** mignons. **Tous deux** ont un gentil sourire. *Natalie and Mathieu are both cute.* *Both have a nice smile.*			
315 both	316 bottle	317 bottle opener	318 bottom

un gros caillou	Le ballon **rebondit**.	**un bouquet** de fleurs	**un arc** et des flèches
319 boulder	320 to bounce	321 bouquet	322 bow
le bol	Y a-t-il quelque chose dans **la boîte?**	**le boxeur**	**le nœud papillon**
324 bowl	325 box	326 boxer	323 bow tie
le garçon	**le soutien-gorge**	**le bracelet**	**se vanter**
327 boy	328 bra	329 bracelet	330 to brag
le cerveau	Pour arrêter la voiture, on utilise **les freins**.	**freiner**	**la branche** de l'arbre
331 brain	332 brake	333 to brake	334 branch
courageux	**le pain**	La lampe **est cassée**.	La voiture est **en panne**.
335 brave	336 bread	337 to break	338 to break down

se vanter

Noémie **se vante** d'avoir beaucoup de jouets.
Son papa lui dit de ne pas **se vanter**.

Noémie brags about the number of toys she has. Her father tells her not to brag.

courageux

Le dentiste dit que tu as été très **courageuse**, Julie.

The dentist says you were very brave, Julie.

Le voleur **est entré par effraction.**	**le petit déjeuner**	Le dragon a mauvaise **haleine.**	**respirer**
339 to break in	340 breakfast	341 breath	342 to breathe
la brique	**Le maçon** construit un mur de briques.	**La mariée** est un peu timide.	**Le marié** aussi.
343 brick	344 bricklayer	345 bride	346 bridegroom
le pont	**la bride** du cheval	**la serviette**	un soleil **éclatant**
347 bridge	348 bridle	349 briefcase	350 bright sun
Milou **apporte** les pantoufles.	Julie **rapporte** les livres à la bibliothèque.	un verre **cassant**	**le brocoli**
351 to bring	352 to bring back	353 brittle glass	354 broccoli
la broche	**Le ruisseau** court à travers champs.	**le balai**	J'aime mon **frère.**
355 brooch	356 brook	357 broom	358 I love my **brother.**

le sourcil

359   brow

brun

360   brown

Martin a besoin de se **brosser** les cheveux.

362   to brush

la brosse

363   brush

Mathieu a **un bleu** au bras.

361   bruise

des choux de Bruxelles

366   brussels sprouts

le pinceau

364   paintbrush

la brosse à dents

365   toothbrush

Brigitte aime les bains pleins de **bulles**.

367   bubble

le seau

368   bucket

la boucle d'une ceinture

369   belt buckle

le bourgeon

370   bud

le bison

371   buffalo

un insecte

372   bug

le clairon du soldat

373   bugle

construire

374   to build

le taureau

375   bull

le bulldozer

376   bulldozer

Les balles de fusil sont dangereuses.

377   bullet

le porte-voix

378   bullhorn/megaphone*

Cet homme est **une brute**.

379 bully

Laurent a **une bosse** sur la tête.

380 bump

les pare-chocs

381 bumpers

la botte d'asperges

382 bunch

le fagot de bois

383 bundle

la bouée

384 buoy

le cambrioleur

385 burglar

Le feu **brûle** dans l'âtre.

386 to burn

Boum! Le ballon **éclate**.

387 to burst

enterrer

388 to bury

un autobus

389 bus

un arrêt d'autobus

390 bus stop

Un arbuste est plus petit qu'un arbre.

391 bush

Pas maintenant, je suis **occupé**.

392 I am **busy** now.

mais

Je voudrais bien venir, **mais** je suis occupé.
Paul est grand, **mais** sa soeur est plus grande encore.

I would like to come, but I am busy.
Paul is big, but his sister is bigger.

393 but

le boucher

394 butcher

le beurre

395 butter

le papillon

396 butterfly

les boutons

397 buttons

Philippe **achète** une crème glacée.

398 to buy

C

le chou

399   cabbage

la cabane dans la forêt

400   cabin

une armoire

401   cabinet

le câble

402   cable/lead*

le cactus

403   cactus

la cage

404   cage

le gâteau

405   cake

la calculatrice

406   calculator

le calendrier

407   calendar

Le veau est le petit de la vache.

408   calf

appeler

409   to call

Julie est toujours **calme**.

412   She is **calm**.

le chameau

413   camel

un appareil-photo

414   camera

annuler

Nous **annulerons** le pique-nique s'il pleut.
Julie **a annulé** notre visite au zoo.

We will call off the picnic if it rains.
Julie has called off our trip to the zoo.

410   to **call off**

Lucie et France **campent** sous la tente.

415   to camp

le campement

416   campsite

la boîte

417   can

téléphoner

411   to **call up**/to **phone***

un ouvre-boîte

418 can opener/tin* opener

Le bateau vogue sur **le canal**.

419   canal

le canari

420   canary

la bougie

421   candle

le chandelier

422   candlestick

les bonbons

423   candy/sweets*

Il marche avec **une canne**.

424   cane/walking stick*

le canon

425   cannon

Je **ne peux pas** voir.

426   I cannot see.

le canot, le canoë

427   canoe

le cantaloup

428   cantaloupe

La rivière serpente dans **le canyon**.

429   canyon

la casquette

430   cap

le cap

431   cape

la cape

432   cape

une lettre **majuscule**

A

433   capital

le capitaine du bateau

434   captain

capturer un papillon

435   to capture

la voiture

436   car

La caravane traverse le désert.

437   caravan

les cartes

438   cards

la boîte en carton

439   cardboard

L'infirmière **soigne** les malades.

440   to care

Sébastien est **insouciant**.

441   He is careless.

la cargaison d'un avion

442   cargo

un œillet

443   carnation

le carnaval

444   carnival

le charpentier

445   carpenter

le tapis

446   carpet

la voiture d'enfant

447   carriage/pram*

la carotte

448   carrot

Le déménageur **porte** une grosse caisse.

449   to carry

la charrette

450   cart

Les vis sont rangées dans **le carton**.

451   carton

découper une tranche de poulet

452   to carve

le coffre

453   case

de l'argent liquide

454   cash

des noix d'acajou

455   cashew nuts

le château

456   castle

le chat

457   cat

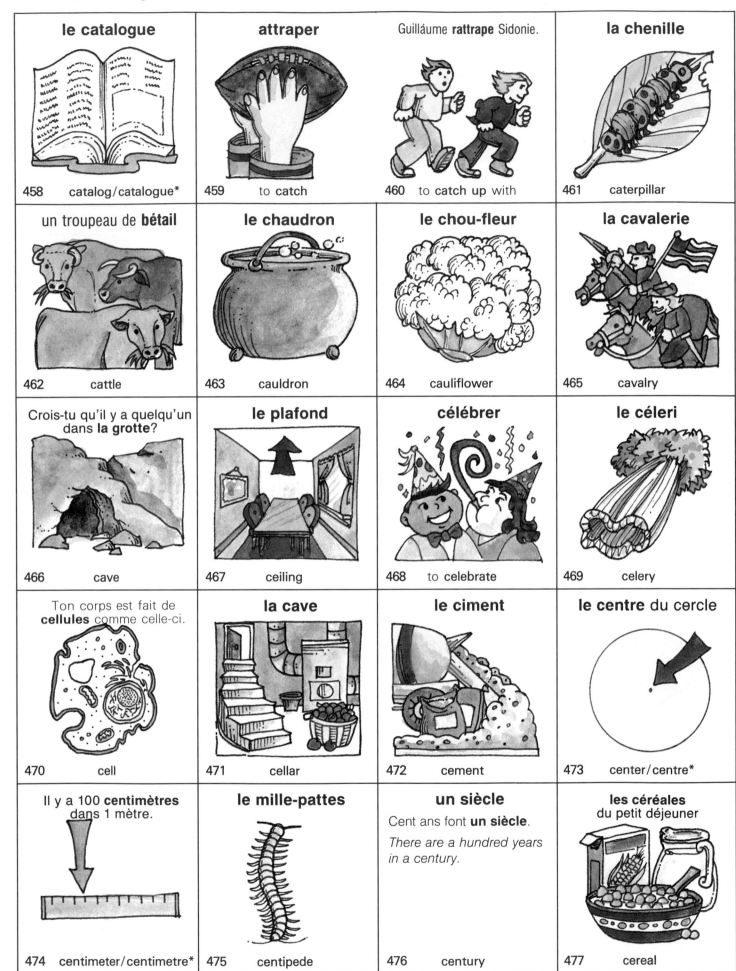

le catalogue

458   catalog/catalogue*

attraper

459   to catch

Guilláume **rattrape** Sidonie.

460   to **catch up** with

la chenille

461   caterpillar

un troupeau de **bétail**

462   cattle

le chaudron

463   cauldron

le chou-fleur

464   cauliflower

la cavalerie

465   cavalry

Crois-tu qu'il y a quelqu'un dans **la grotte**?

466   cave

le plafond

467   ceiling

célébrer

468   to celebrate

le céleri

469   celery

Ton corps est fait de **cellules** comme celle-ci.

470   cell

la cave

471   cellar

le ciment

472   cement

le centre du cercle

473   center/centre*

Il y a 100 **centimètres** dans 1 mètre.

474   centimeter/centimetre*

le mille-pattes

475   centipede

un siècle

Cent ans font **un siècle**.

There are a hundred years in a century.

476   century

les céréales du petit déjeuner

477   cereal

certain

Julie est **certaine** d'avoir raison.
Elle a **certains** sentiments pour Laurent.

Julie is certain that she is right.
She has a certain feeling about Laurent.

478   certain

le certificat

479   certificate

la chaîne

480   chain

la tronçonneuse

481   chainsaw

la chaise

482   chair

la craie

483   chalk

la championne

484   champion

la monnaie

485   change

le chenal, le canal

487   channel

le douzième **chapitre** du livre

488   chapter

le caractère

Julie a du **caractère.**
Que veut dire ce **caractère** chinois?

Julie has a strong character.
What does this Chinese character mean?

489   character

changer, se changer

486   to change

le charbon de bois

490   charcoal

le cardon

491   chard

inculper, recharger

La police **a inculpé** Jules de vol.
Ton jouet s'est arrêté parce que j'ai oublié de **recharger** la batterie.

The police charged Jules with robbery.
Your toy has stopped because I forgot to charge the battery.

492   to charge

le char

493   chariot

le graphique

494   chart

poursuivre

495   to chase

bavarder

496   to chat

un crayon **bon marché**, une couronne chère

497   **cheap** pencil, expensive crown

Éric essaie de **tricher**.	**vérifier**	**la joue**	**Le fromage** est fait avec du lait.
	As-tu **vérifié** ta montre ce matin? *Did you check your watch this morning?*		
498 to cheat	499 to check	500 cheek	501 cheese
le chèque	**les cerises**	**la poitrine** nue	**les châtaignes, les marrons**
502 cheque*/check	503 cherries	504 chest	505 chestnut
Mâche bien avant d'avaler.	**les pois chiches**	**le poulet**	Charles a **la varicelle**.
506 to chew	507 chick peas	508 chicken	509 chicken-pox
Le chef salue les soldats.	**l'enfant**	un jour **frais**	**la cheminée**
510 chief	511 child	512 a chilly day	513 chimney
le chimpanzé	**le menton**	**la vaisselle**	**un copeau** de bois
514 chimpanzee	515 chin	516 china/crockery*	517 chip

le ciseau à bois du menuisier	**la ciboulette**	**le chocolat**	**le chœur, la chorale**
518 chisel	519 chives	520 chocolate	521 choir
Étrangler quelqu'un, ce n'est pas une blague.	Claude **s'étrangle** avec un os.	Lequel des deux dois-je **choisir?**	**hacher, couper**
522 to **choke**	523 to **choke on**	524 to **choose**	525 to **chop**
les baguettes	Le pare-choc de l'auto est en **chrome**.	**le chrysanthème**	**le morceau** de charbon
526 chopsticks	527 chrome	528 chrysanthemum	529 a chunk/lump* of coal
La fumée du **cigare** sent mauvais.	**La cigarette** est mauvaise pour la santé.	**le cercle**	**le cirque**
530 cigar	531 cigarette	532 circle	533 circus
Est-ce que tu vis dans **une** grande **ville?**	**La palourde** vit dans sa coquille.	**L'étau** serre les deux planches ensemble.	**applaudir**
534 city	535 clam	536 clamp	537 to **clap**

la classe

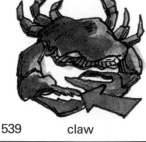

538   classroom

Le crabe a **des pinces** puissantes.

539   claw

---

l'argile

L'argile sert à faire
des briques.
L'argile sert aussi à faire
des pots.

*Clay is used to make bricks.
Clay is also used for
making pots.*

540   clay

Elle est toute **propre**.

541   She is all **clean.**

Tante Annie **dessert** la table.

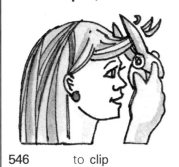

542   to clear

---

la falaise

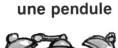

543   cliff

---

grimper, escalader

544   to climb

---

la clinique

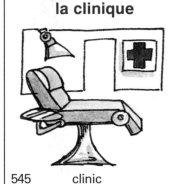

545   clinic

---

couper, tailler

546   to clip

---

une pendule

547   clock

Amandine **ferme** le livre.

548   to close

Ton **placard** est-il toujours bien rangé?

549   closet/cupboard*

---

le tissu, le linge

Les vêtements sont faits
de **tissu.**
Maman se sert d'**un linge**
à vaisselle pour essuyer
les assiettes.

*Clothes are made
of cloth.
Mother uses a dishcloth to
wipe the plates.*

550   cloth

---

les vêtements

551   clothes

---

la corde à linge

552   clothes line

---

le nuage

553   cloud

Un **trèfle** à quatre feuilles porte bonheur.

554   clover

---

le clown

555   clown

Thal va à la chasse avec **une massue**.

556   club

---

l'indice, l'indication

La police a trouvé
un indice dans cette affaire
de vol.
Je vais te donner
une indication.

*The police found a clue to
the robbery.
I will give you a clue.*

557   clue

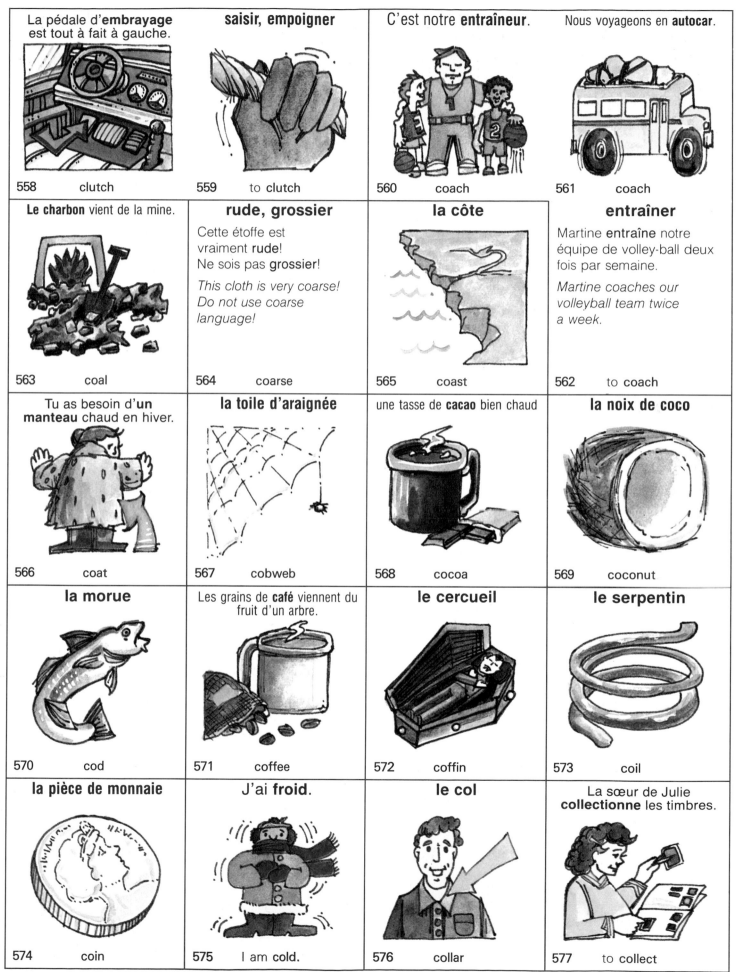

La pédale d'embrayage est tout à fait à gauche.

558   clutch

saisir, empoigner

559   to clutch

C'est notre entraîneur.

560   coach

Nous voyageons en autocar.

561   coach

Le charbon vient de la mine.

563   coal

rude, grossier

Cette étoffe est vraiment **rude**!
Ne sois pas **grossier**!

*This cloth is very coarse!
Do not use coarse language!*

564   coarse

la côte

565   coast

entraîner

Martine **entraîne** notre équipe de volley-ball deux fois par semaine.

Martine coaches our volleyball team twice a week.

562   to coach

Tu as besoin d'un manteau chaud en hiver.

566   coat

la toile d'araignée

567   cobweb

une tasse de cacao bien chaud

568   cocoa

la noix de coco

569   coconut

la morue

570   cod

Les grains de café viennent du fruit d'un arbre.

571   coffee

le cercueil

572   coffin

le serpentin

573   coil

la pièce de monnaie

574   coin

J'ai froid.

575   I am cold.

le col

576   collar

La sœur de Julie collectionne les timbres.

577   to collect

Le collège est une école pour les grands.

578   college

Les voitures **entrent en collision** quand les conducteurs dorment au volant.

579   to **collide**

---

la collision

580   collision

Quelle est ta **couleur** préférée?

581   color/colours*

Le poulain est le petit de la jument.

582   colt

---

deux **colonnes** de pierre

583   column

---

le peigne

584   comb

Sandra **se peigne** les cheveux.

585   to **comb**

---

mélanger les ingrédients

586   combine

---

venir

Julie **est venue** à la fête en autobus.
Vous **venez** souvent ici?
Dis-lui de **venir** à la maison!

*Julie came to the party by bus.
Do you come here often?
Tell him to come home!*

587   to **come**

La poignée **s'est détachée.**

588   to **come off**

Il **revient à lui**.

589   to **come to**

---

confortable

590   comfortable

---

la virgule

591   comma

---

commander

592   to **command**

---

la communauté

C'est grâce à un effort de la **communauté** que l'école a été construite.
Il y a une piscine au centre **communautaire**.

*Building the school was a community effort.
There is a pool at the community center.*

593   community

---

deux **compagnons** inséparables

594   companion

Je suis en bonne **compagnie**.

595   I am in good **company**.

---

comparer

596   to **compare**

Ma **boussole** indique le nord.

597   My **compass** points north.

Jean-Sébastien **compose** une symphonie.

598   to compose

le compositeur

599   composer

une composition au piano

600   composition

un ordinateur

601   computer

Monique se **concentre** sur son travail.

602   to concentrate

le concert

603   concert

le béton

604   concrete

le chef d'orchestre

605   conductor

le cône

607   cone

le cornet de crème glacée

608   ice cream cone

la pomme de pin

609   pine cone

le chef de train

606   conductor/guard*

L'acrobate est **sûr** de lui.

610   confident

Je suis **un peu perdu**.

611   I am confused

féliciter le gagnant

612   to congratulate

connecter

613   to connect

une consonne

B, c, d, f, g sont des consonnes.

B, c, d, f, g are consonants.

614   consonant

une agente de police

615   constable

Une constellation a beaucoup d'étoiles.

616   constellation

Il y a sept **continents**.

617   continent

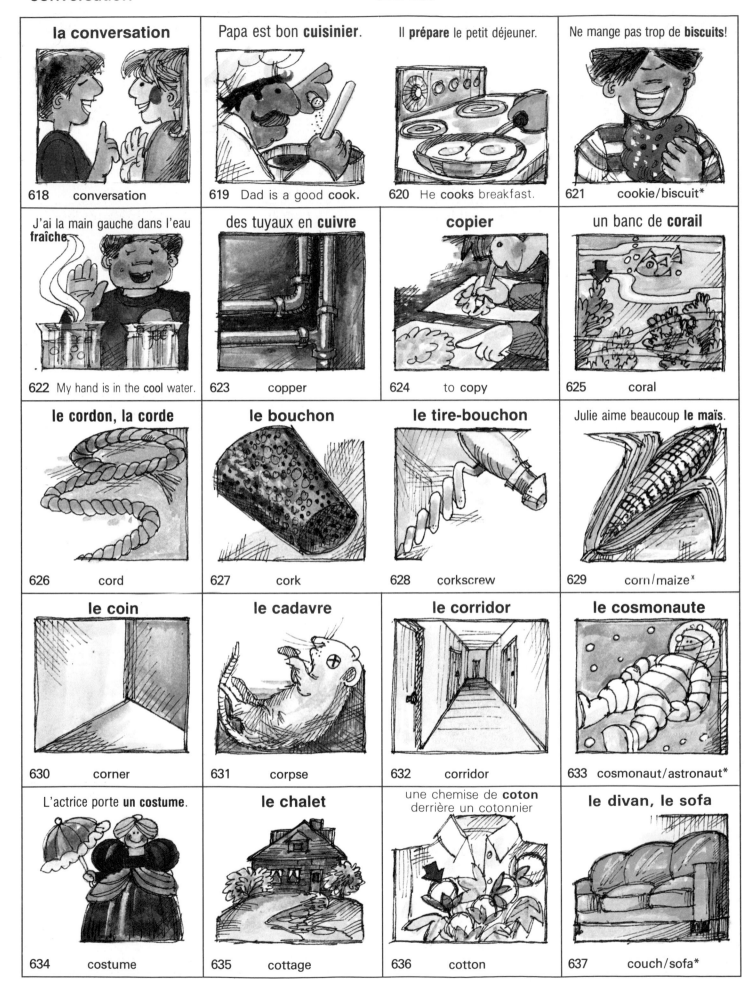

la conversation

618   conversation

Papa est bon **cuisinier**.

619   Dad is a good **cook**.

Il **prépare** le petit déjeuner.

620   He **cooks** breakfast.

Ne mange pas trop de **biscuits**!

621   cookie/biscuit*

J'ai la main gauche dans l'eau **fraîche**.

622   My hand is in the **cool** water.

des tuyaux en **cuivre**

623   copper

copier

624   to **copy**

un banc de **corail**

625   coral

le cordon, la corde

626   cord

le bouchon

627   cork

le tire-bouchon

628   corkscrew

Julie aime beaucoup **le maïs**.

629   corn/maize*

le coin

630   corner

le cadavre

631   corpse

le corridor

632   corridor

le cosmonaute

633   cosmonaut/astronaut*

L'actrice porte **un costume**.

634   costume

le chalet

635   cottage

une chemise de **coton** derrière un cotonnier

636   cotton

le divan, le sofa

637   couch/sofa*

Amandine **tousse** poliment.
638   to cough

compter
639   to count

le compteur
640   counter

Mets-le sur **le comptoir**!
641   counter

Est-ce que tu vas souvent à **la campagne**?
642   country

Ce **pays**, c'est le Canada.
643   country

Maman et papa forment **un couple**.
644   couple

Il faut du **courage** pour se battre avec les dragons!
645   courage

le court de tennis
646   court

Ma **cousine** est la fille de mon oncle.
647   My cousin is my uncle's daughter.

couvrir
648   to cover

le couvercle
649   cover

la vache
650   cow

Ce garçon est **un poltron**.
651   This boy is a coward.

le cow-boy
652   cowboy

le crabe
653   crab

Le vase a **une fissure**.
654   crack

manger **un craquelin**
655   cracker

le berceau
656   cradle

la grue
657   crane

la grue

658   crane

heurter, tomber avec fracas

659   to crash

Qu'est-ce qu'il y a dans **la caisse?**

660   crate

ramper

661   to crawl

une écrevisse

662   crayfish

les crayons de couleur

663   crayons

la crème

Papa prend son café avec de **la crème.**
La crème glacée est très sucrée.

Dad likes cream in his coffee.
Ice cream is very sweet.

664   cream

le pli

665   crease

Quelle étrange **créature!**

666   creature

le ruisseau

667   creek

l'équipage du navire

668   the crew

le lit d'enfant

669   crib/cot*

le criquet

670   cricket

le criminel

671   criminal

le crocodile

672   crocodile

Les crocus annoncent le printemps!

673   crocus

L'escroc a volé une pomme.

674   crook

Le poteau est **tordu.**

675   crooked post

Le tableau est **penché**, la tour est droite.

676   crooked painting, upright tower

La récolte est belle!

677   crop

la croix

678   cross

Regarde avant de **traverser** la rue!

679   to cross

Le 6 a été **barré**.

680   to cross out

le corbeau, la corneille

681   crow

une foule immense dans un petit espace

682   A big crowd in a small space.

la couronne

683   crown

Le roi **couronne** la nouvelle reine.

684   to crown

les miettes

685   crumb

On **écrase** les raisins pour faire du vin.

686   to crush

C'est **la croûte** que Julie préfère!

687   crust

la béquille

688   crutch

pleurer

689   to cry

une boule de **cristal**

690   crystal

un ourson

691   cub

le cube

692   cube

le coucou

693   cuckoo

le concombre

694   cucumber

le poignet de chemise

695   cuff

la tasse de thé

696   cup

La confiture est dans **le buffet**.

697   cupboard

le bord du trottoir

698   curb/kerb*

Je suis **guéri**.

699   I am **cured**.

boucler, friser

700   to **curl**

les cheveux **bouclés, frisés**

701   **curly**

Hélène est **curieuse**.

702   curious

la groseille

703   currant

Le courant est fort.

704   current

les rideaux

705   curtains

la courbe

706   curve

le coussin

707   cushion

le client

708   customer

trancher, couper

709   to **cut**

Sandra est **mignonne**.

712   cute/sweet*

les couverts

713   cutlery

le cycle

714   cycle

couper la route

710   to **cut in**

le cylindre

715   cylinder

les cymbales

716   cymbals

le cyprès

717   cypress

Découpe la poupée en papier!

711   to **cut out**

Les jonquilles fleurissent au printemps.

718   daffodil

le poignard

719   dagger

Milou apporte **le quotidien**.

720   daily

la laiterie

721   dairy

Effeuillons ensemble **la marguerite**.

722   daisy

le barrage sur la rivière

723   dam

endommagé, abîmé

724   damaged

mouillé, humide

725   damp

danser

726   to dance

la danseuse

727   dancer

Le pissenlit est une mauvaise herbe.

728   dandelion

Attention! **Danger**.

729   danger

Luc n'a pas peur dans **le noir**.

730   dark

le jeu de **fléchettes**

731   dart

le tableau de bord

732   dashboard

Quelle est **la date** aujourd'hui?

733   date

C'est ma **fille** Pénélope.

734   daughter

le début d'**une** belle **journée**

735   the start of a nice **day**

La souris est **morte**.

736   **dead** mouse

sourd

737   deaf

cher

Mon **cher** ami.
Chère maman, il fait très froid ici et j'ai oublié d'apporter mon manteau.

My dear friend.
Dear Mother, it is quite cold here and I forgot to bring my coat.

738   dear

Décembre est le dernier mois de l'année.

739   December

décider

Julie n'arrive pas à **décider** comment s'habiller.
Peut-être Maman va-t-elle devoir **décider** pour elle.

Julie cannot decide what to wear.
Mother may have to decide for her.

740   to decide

le pont d'un navire

741   deck

Le pirate **décore** son arbre de Noël.

742   to decorate

la décoration

743   decoration

Albert évite le côté **profond** de la piscine.

744   deep end

Les cerfs vivent dans les forêts.

745   deer

livrer

746   to deliver

bosseler, cabosser

747   to dent

la dentiste

748   dentist

le grand magasin

749   department store

le désert

750   desert

Qui a mis ce **bureau** dans le désert?

751   desk

le dessert

752   dessert

démolir, détruire

753   to destroy

le contre-torpilleur

D754

754   destroyer

Le détective enquête.

755   detective

Le matin, les feuilles sont couvertes de **rosée**.

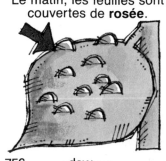

756   dew

la diagonale

757   diagonal

le diagramme

758   diagram

le diamant

759   diamond

Bébé a besoin de **couches**.

760   diaper / nappy*

Suzanne tient **un journal**.

761   diary

Elle vérifie un mot dans **le dictionnaire**.

762   dictionary

mourir

763   to die

différence

Tous les gens naissent égaux, en dépit **des différences** qui les séparent.

All people are born equal despite the differences among them.

764   difference

des gens **différents**

765   different people

creuser

766   to dig

Le serpent **digère** un éléphant.

767   The snake **digests** an elephant.

La pièce est **sombre**.

768   dim

Julie a **des fossettes**.

769   dimple

le canot, le youyou

770   dinghy

la salle à manger

771   dining room

le dîner à la chandelle

772   dinner

le dinosaure

773   dinosaur

la direction à suivre

774   direction

Papa a marché dans de **la saleté**.

775   dirt

Ses pantalons sont **sales**.

776   dirty

Ils **sont en désaccord**.	La pomme **est disparue**.	Cet incendie est **un** véritable **désastre**.	Le navigateur **découvre** une île.
777 to **disagree**	778 to **disappear**	779 **disaster**	780 to **discover**
discuter	**la maladie**	Julie porte **un déguisement**.	Julie, où es-tu? Viens vite faire **la vaisselle**.
781 to **discuss**	782 **disease**	783 **disguise**	784 **dishes**
une personne **malhonnête**	**l'eau de vaisselle**	Anna **déteste** les légumes.	Le comprimé va se **dissoudre** dans l'eau.
785 a **dishonest** person	786 **dishwater**	787 to **dislike**	788 to **dissolve**
la distance entre les deux arbres	un arbre **lointain**	**le district** où j'habite	creuser **un fossé**
789 **distance** between two trees	790 a **distant** tree	791 **district**	792 **ditch**
plonger	**diviser**	J'ai des **vertiges**.	Que dois-je **faire**?
793 to **dive**	794 to **divide**	795 I feel **dizzy**.	796 What shall I **do**?

le bassin

797   dock

le médecin

798   doctor

le chien

799   dog

la poupée

800   doll

le dauphin

801   dolphin

le dôme

802   dome

Cet **âne** porte un lourd fardeau.

803   donkey

la porte

804   door

la poignée de porte

805   doorknob

double

806   double

la pâte

807   dough

La colombe est le symbole de la paix.

808   dove

Julie a un oreiller en **duvet**.

809   down

sommeiller

810   to doze

une douzaine d'œufs

811   dozen

Ne **traîne** pas ton sac par terre!

812   to drag

le dragon

813   dragon

la libellule

814   dragonfly

le drain

815   drain/plug hole*

Robert **dessine** bien.

816   to draw

Relevez **le pont-levis**!

817   drawbridge

Les chaussettes de Julie
ne sont pas dans **le tiroir**.

818   drawer

un beau **rêve**

819   a nice **dream**

Je **rêve** de moutons.

820   I **dream** of sheep.

la robe

821   dress

s'habiller

822   to **dress**

Les chaussettes de Julie sont
peut-être dans **la commode**.

823   dresser/chest of drawers*

baver

824   to **dribble**

Quelle tristesse de **dériver**
sans fin!

825   to **drift**

Patricia **perce** des trous.

826   to **drill**

la perceuse

827   drill

la boisson

828   drink

Le robinet **fuit**.

830   to **drip**

Je **conduis** prudemment.

831   I **drive** carefully.

Le conducteur
a été imprudent.

832   crazy **driver**

Mistigris **boit** son lait.

829   to **drink**

la bruine

La **bruine** est une pluie
très fine.

Drizzle is a very fine rain.

833   drizzle

Mistigris **bave** d'envie.

834   to **drool**

une goutte de sirop

835   drop

laisser tomber

836   to **drop**

Julien **est passé voir** Dominique.

837   to **drop in**

Papa **dépose** le chat chez le vétérinaire.

838   Dad **drops off** the cat at the vet.

abandonner la course

839   to **drop out**

J'ai sommeil.

840   I feel **drowsy.**

le tambour

841   drum

sec

842   dry

sécher

843   to **dry**

le nettoyeur à sec

844   dry cleaner

Mets le linge dans **la sécheuse!**

845   dryer

la duchesse

846   duchess

le canard

847   duck

le duel

848   duel

le duc

849   duke

le dépotoir

850   dump

déverser

851   to **dump**

le camion-benne

852   dumptruck/lorry*

Le prisonnier est enfermé dans **le donjon.**

853   dungeon

le crépuscule

854   dusk

Jeanne enlève **la poussière** avec son plumeau.

855   dust

le nain

856   dwarf

Chaque lapin a une carotte.

857   Each rabbit has a carrot.

Les aigles sont devenus rares; il faut les protéger.

858   eagle

une oreille

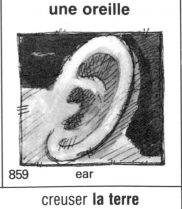

859   ear

le soleil **matinal**

860   early

gagner, mériter

Maman **gagne** un bon salaire.
Julie a bien **mérité** des vacances.

*Mother earns a good wage.
Julie has earned a holiday.*

861   to earn

la Terre

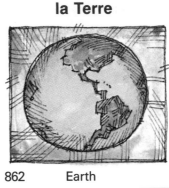

862   Earth

creuser **la terre**

863   earth

le tremblement de terre

864   earthquake

le chevalet du peintre

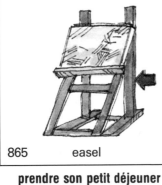

865   easel

L'est est opposé à l'ouest.

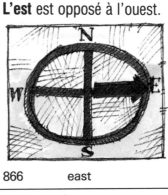

866   east

C'est **facile** de nager.

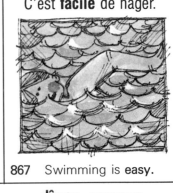

867   Swimming is **easy.**

manger

868   to eat

prendre son petit déjeuner

869   to eat breakfast

déjeuner

870   to eat lunch

dîner, souper

871   to eat dinner/supper*

un écho

872   echo

une éclipse solaire

873   eclipse

L'arbre est **au bord de** la falaise.

874   The tree is at the **edge.**

une anguille

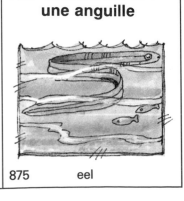

875   eel

La poule a pondu **un œuf.**

876   egg

L'aubergine est violette.

877   eggplant/aubergine*

huit insectes

878   eight

le huitième poisson

879   eighth

Éric joue avec **un élastique**.

880   elastic

le coude

881   elbow

une élection

On tient **des élections** pour choisir un gouvernement. Qui a remporté **l'élection**?

Elections are held to choose the government. Who won the election?

882   election

un électricien

883   electrician

l'électricité

884   electricity

un éléphant

885   elephant

Béatrice attend **l'ascenseur**.

886   elevator/lift*

un élan

887   elk

un orme

888   elm

embarrasser, déconcerter

889   to embarrass

serrer dans ses bras

890   to embrace

la broderie

891   embroidery

une urgence

892   emergency

La boîte est **vide**.

893   The jar is **empty**.

C'est **la fin** de la route.

894   This is the **end**.

Un jour ils ne seront peut-être plus **ennemis**.

895   enemies

le moteur de l'auto

896   engine

le **conducteur** du train

897 engineer / engine driver*

savourer, apprécier

898   to enjoy

un dinosaure **énorme**

899   **enormous** dinosaur

C'est **assez**.

900   That is **enough**.

Milou **entre** par la porte.

901   to **enter**

une **entrée**

902   entrance

une **enveloppe**

903   envelope

des boucs de force **égale**

904   equal

L'**équateur** divise la Terre en deux hémisphères.

905   equator

la commission, la course

Julie fait **une commission** pour Papa.
Elle a beaucoup de **courses** à faire ce matin.

Julie is running an errand for Dad.
She has many errands this morning.

906   errand

un **escalier roulant**

907   escalator

La souris **s'enfuit**.

908   to **escape**

L'**Europe** est un continent.

909   Europe

Une évaporation se produit à cause de la chaleur du soleil.

910   evaporation

Quatre est un chiffre **pair**.

$n \times 2 = ?$

911   Four is an **even** number.

une surface **lisse**

912   an **even** surface

Le sapin est **un arbre à feuilles persistantes**.

913   evergreen

chaque

Julie fait son lit presque **chaque** matin.
Est-ce que Maman doit lui rappeler de le faire **chaque** matin?

Julie makes her bed almost every morning.
Must Mother tell her every morning?

914   every

un **examen** facile

915   exam

examiner à la loupe

916   to examine

---

un exemple

Parfois, Julie ne montre pas **le** bon **exemple**.
Il est plus facile de comprendre avec **un exemple**.

*Sometimes, Julie does not set a good example.
Things are easier to understand when you give an example.*

917   example

---

le point d'exclamation

918   exclamation mark

Pardonnez-moi, excusez-moi!

919   Excuse me!

Corinne **fait des exercices**.

920   to exercise

---

exister

Exister, c'est être.
Les dinosaures n'**existent** plus.

*To exist is to be.
Dinosaurs no longer exist.*

921   to exist

---

sortir

922   to exit/leave*

---

gonfler un ballon

923   to expand

---

attendre, s'attendre à

Nous vous **attendons** à deux heures.
Papa **s'attend** à ce que tu sois sage.

*We expect you at two o'clock.
Dad expects you to be good.*

924   to expect

Une montre **chère** coûte beaucoup d'argent.

925   expensive

---

faire **une expérience**

926   experiment

---

une experte

927   expert

Serge **explique** à Milou qu'il doit obéir.

928   to explain

L'aventurier **explore** la jungle.

929   to explore

---

une explosion

930   explosion

---

un extincteur

931   extinguisher

---

un œil

932   eye

---

le sourcil

933   eyebrow

---

les lunettes

934   eyeglasses/spectacles*

---

les cils

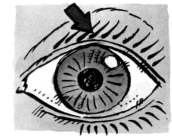

935   eyelash

la fable de la cigale et de la fourmi

936   fable

le visage, la face

937   face

une usine

938   factory

Thomas **a échoué** à son examen.

939   to fail

tomber en panne

940   to fail

la foire

941   fair

La fée exaucera ton vœu.

942   fairy

la foi, la confiance

Nous avons **confiance** en toi.
Julie l'a accepté de bonne **foi**.

We have faith in you.
Julie accepted it in good faith.

943   faith

le faux tableau

944   fake painting

En **automne**, les feuilles tombent.

945   fall/autumn*

tomber

946   to fall

C'était une **fausse** alerte!

949   false alarm

la famille

950   family

tomber par terre

947   to fall down

faire une chute

948   to fall off

Brigitte est une **célèbre** actrice.

951   famous actress

le ventilateur

952   fan

une tenue **élégante, habillée**

953   fancy clothes

le croc

954   fang

La ville est loin.	**Adieu!**	**la ferme**	**le fermier, l'agriculteur**
955 The city is **far** away.	956 Farewell !	957 farm	958 farmer
rapide	**J'attache** ma ceinture.	**gros, gras**	Ce poison est **mortel**.
959 fast	960 I **fasten** my seatbelt.	961 fat	962 fatal
le père	**Le robinet** fuit.	À qui **la faute**?	**la faveur, le service**
			Puis-je vous demander **une faveur**? Julie est gentille et elle aime rendre **service**.
			Can I ask you a favor/favour*? Julie is kind and likes doing people favors/favours*.
963 father	964 faucet/tap*	965 Whose **fault** is it?	966 favor/favour*
ma saveur **favorite**	**craindre** le pire	**le banquet**	**la plume** d'un oiseau
967 favorite/favourite*	968 to **fear** the worst	969 feast	970 feather
Février est le deuxième mois de l'année.	**nourrir, alimenter**	Je **me sens** bien.	**La femelle** pond les œufs.
971 February	972 to feed	973 I **feel** well.	974 female

la clôture	**une aile d'auto**	**la fougère**	Paul et Anne prennent **le traversier**.
975 fence	976 fender/wing*	977 fern	978 ferry
le festival	Patrick a de **la fièvre**.	**Peu** de gens sont venus.	**le champ**
979 festival	980 fever	981 **Few** people came.	982 field
Alice est **la cinquième**.	**se battre, se bagarrer**	Régine se **lime** les ongles.	**remplir, emplir**
983 fifth	984 to fight	985 to file	986 to fill
Luce a **un film** pour son appareil-photo.	**sale, dégoûtant**	**la nageoire** d'un requin	**remplir, faire le plein**
988 film	989 filthy	990 fin	987 to fill up
L'agent lui donne **une amende**.	Je vais **bien**.	**le doigt**	**une empreinte digitale**
991 fine	992 I am fine.	993 finger	994 fingerprint

Joëlle **finit** première.

995   to finish

Le sapin a des aiguilles.

996   fir

le feu

997   fire

la voiture de pompiers

998   fire engine

la sortie de secours

999   fire escape

Les **pétards** peuvent être dangereux!

1000   firecracker/banger*

le pompier

1001   firefighter

un **âtre**, **la cheminée**, **le foyer**

1002   fireplace

ferme

Julie a une poignée de main **ferme**.
La décision de Papa est **ferme**. Thomas n'aura pas d'autre glace!

Julie has a firm handshake. Dad's decision is firm, Thomas cannot have another ice cream.

1003   firm

le premier de la file

1004   first

le poisson

1005   fish

Jean **pêche** dans la rivière.

1006   to fish

un hameçon

1007   fishhook

le poing

1008   fist

cinq

1009   five

Crois-tu qu'il va savoir **réparer** la voiture?

1010   to fix

le drapeau des pirates

1011   flag

Les flocons de neige tombent du ciel.

1012   flake

la flamme

1013   flame

Cuicui **bat** des ailes.

1014   to flap

le feu de signal

1015   flare

le flash

1016   flash

la lampe de poche

1017   flashlight/torch*

le flacon

1018   flask

plat

1019   flat

Maman **aplatit** la pâte avec un rouleau.

1020   to flatten

Quel **parfum** préfères-tu?

1021   flavor/flavour*

Zap a **une puce**.

1022   flea

Luc **s'enfuit** à belles jambes!

1023   to flee

la toison du mouton

1024   fleece

Il est bien **en chair**.

1025   flesh

flotter

1026   to float

un vol d'oiseaux

1027   flock

une inondation

1028   flood

le sol, **le plancher**

1029   floor

Le boulanger fait du pain avec de **la farine**.

1030   flour

Le sang **coule** dans le tube.

1031   to flow

la fleur

1032   flower

Luc a attrapé **la grippe**.

1033   flu

le duvet, la peluche

1034   fluff

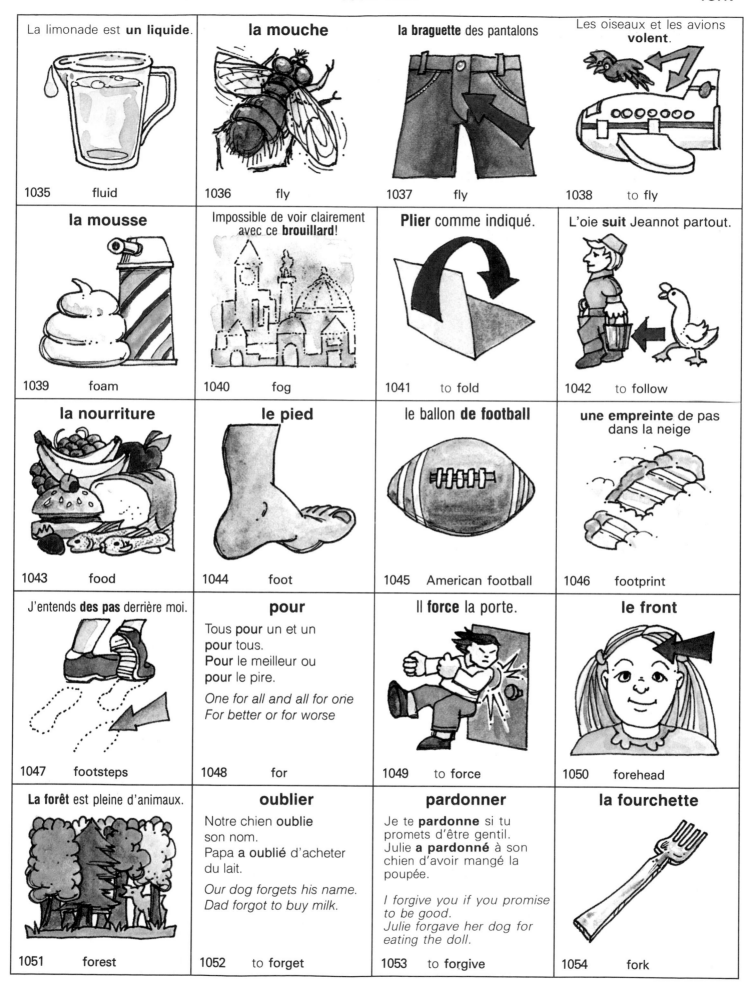

La limonade est **un liquide**.

1035   fluid

la mouche

1036   fly

la braguette des pantalons

1037   fly

Les oiseaux et les avions **volent**.

1038   to fly

la mousse

1039   foam

Impossible de voir clairement avec ce **brouillard**!

1040   fog

Plier comme indiqué.

1041   to fold

L'oie **suit** Jeannot partout.

1042   to follow

la nourriture

1043   food

le pied

1044   foot

le ballon **de football**

1045   American football

une empreinte de pas dans la neige

1046   footprint

J'entends **des pas** derrière moi.

1047   footsteps

pour

Tous **pour** un et un **pour** tous.
Pour le meilleur ou **pour** le pire.

One for all and all for one
For better or for worse

1048   for

Il **force** la porte.

1049   to force

le front

1050   forehead

La forêt est pleine d'animaux.

1051   forest

oublier

Notre chien **oublie** son nom.
Papa **a oublié** d'acheter du lait.

Our dog forgets his name.
Dad forgot to buy milk.

1052   to forget

pardonner

Je te **pardonne** si tu promets d'être gentil.
Julie **a pardonné** à son chien d'avoir mangé la poupée.

I forgive you if you promise to be good.
Julie forgave her dog for eating the doll.

1053   to forgive

la fourchette

1054   fork

le chariot élévateur

1055   forklift

la forme

1056   form/tailor's dummy*

Les soldats sont dans **le fort**.

1057   fort

de l'avant, hardi

Va **de l'avant** jusqu'à ce que tu arrives à la porte. Julie pense qu'il est trop **hardi**.

Go forward until you reach the door.
Julie thinks he is too forward.

1058   forward

le fossile d'un poisson

1059   fossil

une odeur **infecte**

1060   **foul** odor/odour*

les fondations de la maison

1061   foundation

la fontaine

1062   fountain

Le renard est un animal rusé.

1063   fox

⅛ est **une fraction**.

1064   fraction

L'œuf est **fragile**.

1065   fragile

le cadre

1066   frame

Est-ce que tu as **des taches de rousseur**?

1067   freckle

L'oiseau est **libre**.

1068   free

geler, congeler

1069   to freeze

Une pomme encore toute **fraîche** de l'arbre.

1070   fresh

vendredi

Une fois **le vendredi** fini, plus d'école jusqu'au lundi!

Friday means no more school until Monday!

1071   Friday

le réfrigérateur

1072   fridge

des amis

1073   friends

Charlotte l'**a effrayé**.

1074   to frighten

la grenouille

1075   frog

Je viens **de** la planète Mars.

1076   I am **from** Mars.

---

l'avant

1077   front

La vitre est couverte de **givre**.

1078   frost

---

froncer les sourcils

1079   to **frown**

Les fruits sont bien meilleurs que les bonbons.

1080   fruit

---

frire

1081   to **fry**

---

la poêle à frire

1082   frying pan

Les voitures ont besoin d'**essence**.

1083   Cars need **fuel**.

---

plein

1084   full

---

avoir du plaisir, s'amuser

1085   having **fun**

---

la caisse de charité

1086   charity **fund**

---

les funérailles

1087   funeral

---

un entonnoir

1088   funnel

---

drôle, amusant

Maman ne trouve pas ça **drôle**.
Une chose **amusante** s'est passée à l'école aujourd'hui.

Mother does not think that is funny.
A funny thing happened at school today.

1089   funny

Un manteau de **fourrure** en été!

1090   fur coat

---

la chaudière, le calorifère

1092   furnace/boiler*

---

le mobilier

1093   furniture

Plus de lumière! **Les fusibles** ont sauté.

1094   fuse

---

un chat **à longs poils**

1091   furry

un grand vent

1095   gale

la galerie d'art

1096   gallery

Un cheval peut trotter ou **galoper**.

1097   to gallop

Noémie aime **les jeux**.

1098   game

Le jars est le mâle de l'oie.

1099   gander

une bande de voleurs

1100   gang

Julie a un **vide** entre les deux dents de devant.

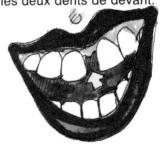

1101   gap

L'auto est dans **le garage**.

1102   garage

les ordures, les détritus

1103   garbage/rubbish*

la poubelle, la boîte à ordures

1104   garbage can/rubbish bin*

le potager

1105   vegetable **garden**

se gargariser

1106   to gargle

L'ail a un goût très fort.

1107   garlic

la jarretière

1108   garter

le gaz

Le ballon était rempli de **gaz**.
Certains **gaz** sont plus légers que l'air.

The balloon was filled with gas.
Some gases are lighter than air.

1109   gas

l'essence

1110   gas/petrol*

la pédale d'accélérateur

1111   gas pedal/accelerator*

la pompe à essence

1112   gas/petrol pump*

la station-service

1113   gas/petrol station*

le portail

1114   gate

Louise **cueille** des fleurs.

1115   to gather

les engrenages

1116   gears

Le diamant est **une pierre précieuse.**

1117   gem

le général

1118   general

un ami **généreux**

1119   a generous friend

une personne **douce, gentille**

1120   a gentle person

Papa est **un** vrai **gentilhomme.**

1121   gentleman

un **vrai** cochon

1122   a genuine pig

Nous étudions tous **la géographie.**

1123   geography

le géranium

1124   geranium

la gerbille

1125   gerbil

Les germes provoquent des maladies.

1126   germ

Mistigris! **Attrape** cette souris!

1127   Get that mouse!

Je veux que tu me le rendes.

1128   I want to **get** it **back.**

Julie **entre** dans la piscine.

1129   to **get in** the pool

Julie **descend** de l'autobus.

1130   to **get off**

Elle **monte** dans le tramway.

1131   to **get on**

Elle **se débarrasse** des ordures.

1132   to **get rid of**

Mais d'abord, elle **se lève.**

1133   to **get up**

As-tu peur **des fantômes**?
1134   ghost

le géant
1135   giant

le cadeau de Rosalie
1136   gift

une baleine **gigantesque**
1137   gigantic

avoir un petit rire nerveux
1138   to giggle

les ouïes, les branchies
1139   gills

Le gingembre est une épice.
1140   ginger

un bonhomme en **pain d'épice**
1141   gingerbread

le gitan et sa roulotte
1142   gipsy

la girafe
1143   giraffe

Suzon est **une fille**.
1144   girl

Suzon **donne** un parapluie à Anne.
1145   to give

le glacier
1148   glacier

Je suis **content**.
1149   I am glad.

le verre
1150   glass

Anne **rend** le parapluie.
1146   to give back

Est-ce que tu portes **des lunettes**?
1152   glasses

glisser
1153   to glide

un verre d'eau
1151   glass

Je **me rends**!
1147   I give up!

Le planeur n'a pas de moteur.

1154   glider

des gants

1155   gloves

La colle tient bien!

1156   glue

aller, partir

1157   to **go**

le but

1161   goal

la chèvre

1162   goat

les lunettes protectrices

1163   goggles

Il **descend** travailler.

1158   to **go down**

le lingot d'**or**

1164   gold

le poisson rouge

1165   goldfish

Oncle Jean joue au **golf**.

1166   golf

Milou **entre** dans sa niche.

1159   to **go in**

Comme c'est **bon**!

1167   good

Au revoir Maman!

1168   Goodbye!

une oie

1169   goose

Jacques **grimpe** le long du haricot géant.

1160   to **go up**

les groseilles

1170   gooseberry

Elle pense avoir une coiffure **ravissante**.

1171   gorgeous

le gorille

1172   gorilla

gouverner

Le gouvernement **gouverne** le pays.
Ce n'est pas facile de **gouverner** un pays.

The government governs the country.
It is not easy to govern a country.

1173   to **govern**

le gouvernement

Le gouvernement est élu par les citoyens.
Le papa de Julie travaille pour **le gouvernement**.

The government is elected by the people.
Julie's Dad works for the government

1174   government

Luc **s'est emparé** de la glace de Lucie et il sera puni.

1175   to grab

Il est très **aimable**.

1176 He is very **gracious**.

Je suis en troisième **année**.

1177   grade / form*

Avec **le grain**, on·fait de la farine.

1178   grain

1000 **grammes** = 1 kilogramme

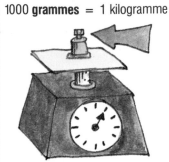

1179   gram

---

le petit-fils

1180   grandchild

---

le grand-père

1181   grandfather

La grand-mère de Julie aime faire des gâteaux.

1182   grandmother

Le granit est une roche dure.

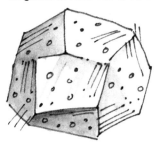

1183   granite

---

accorder

Je t'**accorde** dix jours de congé.
La fée t'**accordera** trois vœux.

I grant you ten days' leave of absence.
The good fairy will grant you three wishes.

1184   to grant

---

une grappe de **raisin**

1185   grapes

---

le pamplemousse

1186   grapefruit

---

le graphique, le diagramme

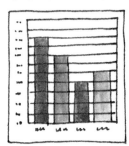

1187   graph

L'herbe est verte.

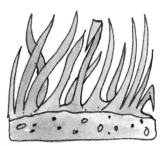

1188   grass

---

la sauterelle

1189   grasshopper

---

la râpe

1190   grater

---

la tombe

1191   grave

---

le **gravier** au bord de la route

1192   gravel

La gravité fait tomber les pommes.

1193 Gravity makes apples fall.

paître, brouter
1194   to graze

La graisse empêchera la porte de grincer.
1195   grease

un jouet **superbe**
1196   a great toy

avide, cupide
1197   greedy

vert
1198   green

le haricot vert
1199   green bean

la serre
1200   greenhouse

saluer
1201   to greet

La nuit, tous les chats sont **gris**.
1202   grey*/gray

griller
1203   to grill

sale, barbouillé
1204   grimy

Marc **a un grand sourire**.
1205   to grin

hacher, moudre
1206   to grind/to mince*

saisir, agripper
1207   to grip

gémir, geindre
1208   to groan

L'épicier renseigne la cliente.
1209   grocer

le marié et la mariée
1211   groom

Le palefrenier s'occupe des chevaux.
1212   groom

Patricia **se fait belle**.
1213   to groom

faire **des courses d'épicerie**
1210   shopping for **groceries**

la rainure

1214   groove

choquant, dégoûtant

1215   gross/disgusting*

le sol, la terre

1216   ground

la marmotte

1217   groundhog

le groupe

1218   group

grandir, pousser

1219   to grow

grogner, gronder

1220   to growl

un adulte

1221   grown-up

garder

1222   to guard

Attends! Laisse-moi **deviner**.

1223   to guess

Il fait entrer son **invité**.

1224   guest

Il le **guide** vers sa chambre.

1225   to guide

coupable

Julie dit qu'elle n'a pas volé les bonbons, elle n'est pas **coupable.**
Alors, qui est **coupable** du vol de bonbons?

Julie says she did not steal the candies, she is not guilty.
So who is guilty of stealing the candies?

1226   guilty

le cochon d'Inde

1227   guinea pig

Pablo joue de **la guitare**.

1228   guitar

le golfe du Mexique

1229   Gulf of Mexico

Les mouettes vivent au bord de l'eau.

1230   gull

Brosse-toi les dents et **les gencives**.

1231   gum

C'est vilain de mâcher de **la gomme**.

1232   gum/chewing gum*

L'eau coule dans **le caniveau**.

1233   gutter

Fumer est **une** mauvaise **habitude**.

1234   bad habit

un aiglefin

1235   haddock

une tempête de **grêle**

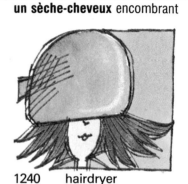

1236   hail

La sœur de Julie a **les cheveux** drus.

1237   hair

la brosse à cheveux

1238   hairbrush

le coiffeur

1239   hairdresser

un sèche-cheveux encombrant

1240   hairdryer

Veux-tu l'autre **moitié**?

1241   half

le vestibule, l'entrée

1242   hall

l'Halloween

1243   Halloween/Hallowe'en*

le corridor, le couloir

1244   hallway/corridor*

Le soldat **fait halte** devant la porte.

1245   to halt

le marteau

1246   hammer

Lucien **martèle** le morceau de bois.

1247   to hammer

le hamac

1248   hammock

un hamster

1249   hamster

les cinq doigts de **la main**

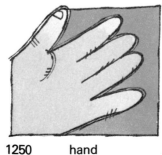

1250   hand

remettre, distribuer

1251   to hand out

le frein à main

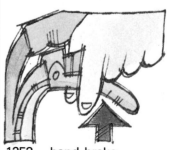

1252   hand brake

les menottes

1253   handcuffs

un handicap

Être aveugle, c'est **un handicap**.
Tout **handicap** peut être surmonté.

Being blind is a handicap. People can overcome any handicap.

1254   handicap

la poignée

1255   handle

la rampe de l'escalier

1256   handrail

Jerôme se trouve **beau**.

1257   handsome

Une personne **adroite** de ses mains.

1258   handy person

Suspends le tableau droit!

1259   to hang

Il **se cramponne**.

1260   to hang on

---

le hangar à avions

1262   hangar

Mets ta veste sur **un cintre**!

1263   hanger

le mouchoir

1264   handkerchief

Simon **accroche** le cintre.

1261   to hang up

Les accidents **arrivent**.

1265   Accidents happen.

Il est **heureux**.

1266   He is happy.

Les bateaux sont dans **le port**.

1267   harbor/harbour*

La pile de briques est trop **dure**.

1268   hard

---

le lièvre

1269   hare

Ce n'est pas bien de **faire du mal** aux animaux!

1270   to harm

un harmonica

1271   harmonica

La bride fait partie du **harnais** du cheval.

1272   harness

la harpe
1273　harp

un hiver **rigoureux**
1274　a **harsh** winter

Joseph **moissonne** le blé.
1275　to **harvest**

le chapeau
1276　hat

Ce poussin vient d'**éclore**.
1277　to **hatch**

la hachette
1278　hatchet

tirer, transporter
1279　to **haul**

une maison **hantée**
1280　**haunted** house

Marie **a** la poupée que veut Anna!
1281　to **have**

le faucon
1282　hawk

le foin pour les chevaux
1283　hay

La brume rend l'air brumeux.
1284　**Haze** makes for a hazy day.

le noisetier
1285　hazel

La noisette est le fruit du noisetier.
1286　hazelnut

la tête
1287　head

J'ai **un mal de tête**.
1288　I have a **headache**.

un appui-tête
1289　headrest

Sa jambe **sera** bientôt **guérie**.
1290　to **heal**

une fleur **saine**
1291　**healthy** flower

un tas d'ordures
1292　heap/pile*

J'entends une voix.	**Le cœur** bat dans la poitrine.	**chauffer, faire chauffer**	**le radiateur**
1293 I **hear** a voice.	1294 **heart**	1295 to **heat**	1296 **heater**/radiator*
soulever	**le paradis**	un éléphant **lourd**	Pépé a taillé **la haie**.
1297 to **heave**	1298 **heaven**	1299 one **heavy** elephant	1300 **hedge**
Le hérisson a des piquants.	**le talon**	un **hélicoptère**	**L'enfer** n'est pas trop chaud pour ce diable.
1301 **hedgehog**	1302 **heel**	1303 **helicopter**	1304 **hell**
bonjour, salut	**la barre, le gouvernail**	Le soldat porte **un casque**.	Maman **aide** Papa à réparer l'auto.
1305 **hello**	1306 **helm**	1307 **helmet**	1308 to **help**
Un bébé est si **impuissant**!	**le bord, un ourlet**	La terre a deux **hémisphères**.	**la poule**
1309 **helpless**	1310 **hem**	1311 **hemisphere**	1312 **hen**

Un heptagone a sept côtés.

1313   heptagon

des herbes

1314   herbs

un troupeau de bétail

1315   herd

Viens **ici**!

1316   Come **here**!

Un ermite vit seul.

1317   hermit

le héros

1318   hero

une héroïne

1319   heroine

un hareng

1320   herring

Paul **hésite** à plonger.

1321   to **hesitate**

Un hexagone a six côtés.

1322   hexagon

Les ours **hibernent** en hiver.

1323   to **hibernate**

avoir le hoquet, hoqueter

1324   to **hiccup/hiccough***

la peau, le cuir

1325   hide

Sidonie **se cache**.

1326   to **hide**

la cachette

1327   hiding-place

une **haute** montagne

1328   a **high** mountain

un grand immeuble

1329   highrise/tower block*

une **école secondaire**, un **lycée**

1330 high school/secondary school*

une **grande route**, une **autoroute**

1331   highway/motorway*

détourner un avion

1332   to **hijack** a plane

le sommet de **la colline**

1333   hill

la charnière

1334   hinge

les pattes **arrière**

1335   hind legs

la main sur **la hanche**

1336   hand on hip

un hippopotame

1337   hippopotamus

J'étudie **l'histoire**.

1338   I study history.

frapper, cogner

1339   to hit

Les abeilles vivent dans **la ruche**.

1340   hive

amasser, accumuler

1341   to hoard

la voix **enrouée, rauque**

1342   hoarse voice

un passe-temps, une marotte

1343   hobby

Mon frère joue au **hockey**.

1344   hockey/ice hockey*

la houe, la binette

1347   hoe

Julie **tient** Tigré sur ses genoux.

1348   to hold

Julie ne devrait pas le **maintenir à terre**!

1349   to hold down

la rondelle de hockey

1345   hockey puck

le trou

1350   hole

Oncle Jules a bien mérité **ses vacances** au bord de l'eau.

1351   holiday

Des écureuils vivent dans cet arbre **creux**.

1352   hollow tree

le bâton de hockey

1346   hockey stick

Le houx a des baies.

1353   holly

Il y a des pays où les vaches sont **sacrées**.

1354   a holy cow

Les écureuils sont **à la maison**.

1355   home

Luc fait ses **devoirs**.

1356   homework

Est-il **honnête**?

1357   Is he **honest**?

Les ours sont friands de **miel**.

1358   honey

le rayon de miel

1359   honeycomb

le melon vert

1360   honeydew melon

klaxonner

1361   to honk

Quel **honneur** d'obtenir un diplôme!

1362   honor/honour*

Le manteau de Julie a **un capuchon**.

1363   hood

Le moteur est sous **le capot**.

1364   hood/bonnet*

le sabot du cheval

1365   hoof

un hameçon

1366   hook

sauter à travers **un cerceau**

1367   jump through a hoop

sauter, sautiller

1368   to hop

J'**espère** gagner.

1369   I **hope** to win.

C'est **sans espoir**! Il ne saura jamais monter!

1370   hopeless

Aude joue à **la marelle**.

1371   hopscotch/hop-scotch*

Le soleil se lève à l'**horizon**.

1372   horizon

en position **horizontale**

1373   horizontal

un avertisseur, un klaxon

1374   horn

le cor d'harmonie

1375   French **horn**

la corne

1376   horn

Le frelon pique avec son dard.

1377   hornet

le cheval

1378   horse

Le raifort est piquant.

1379   horseradish

le fer à cheval

1380   horseshoe

le tuyau d'arrosage

1381   hose

un hôpital

1382   hospital

Il fait **chaud!**

1383   hot

C'est **piquant!** J'ai la bouche en feu!

1384   hot

En voyage, nous dormons à **l'hôtel**.

1386   hotel

Il y a soixante minutes dans **une heure**.

1387   hour

le sablier

1388   hourglass

le piment

1385   hot pepper

la maison

1389   house

un aéroglisseur

1390   hovercraft

Je vais te montrer **comment** faire.

1391   I will show you **how.**

Le chien **hurle** dans la nuit.

1392   to **howl**

un enjoliveur de roue
1393   hub cap

les airelles
1394   huckleberry

se serrer les uns contre les autres
1395   to **huddle**

L'éléphant est **énorme**.
1396   huge

la coque du navire
1397   hull

un oiseau-mouche
1398   hummingbird

Le chameau a deux **bosses**.
1399   hump

cent
1400   hundred

Elle **a faim**.
1401   She is **hungry**.

Joël **chasse** avec un fusil.
1402   to **hunt**

lancer
1403   to **hurl**

Qui donne un nom aux **ouragans**?
1404   hurricane

se dépêcher
1405   to **hurry**

Mon poignet me **fait mal**.
1406   My wrist **hurts**.

Édouard est **le mari** de Paule.
1407   husband

la hutte
1408   hut

le buffet
1409   hutch/sideboard*

la jacinthe
1410   hyacinth

La chorale chante **un hymne**.
1411   hymn

un trait d'union
«Après-midi» prend un trait d'union.
There is a hyphen in ''après-midi''.
1412   hyphen

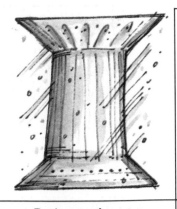

La glace flotte dans le verre.

1413   ice

la glace, la crème glacée

1414   ice cream

Un iceberg peut faire couler un bateau.

1415   iceberg

De longs **glaçons** pendent du toit.

1416   icicle

le glaçage du gâteau

1417   icing

Elle vient d'avoir **une idée!**

1418   idea

des jumelles **identiques**

1419   identical twins

idiot

1420   idiot

oisif

1421   idle

si

Si j'avais un marteau,
je ne m'en servirais que
quand personne ne dort.

*If I had a hammer, I would
only hammer when no one
was sleeping.*

1422   if

un igloo

1423   igloo

la clé de contact

1424   ignition key

malade, souffrant

1425   ill

illuminer, éclairer

1426   to illuminate

une illustration

Dans un livre de contes,
il y a des mots et
des illustrations.

*Storybooks have words
and illustrations.*

1427   illustration

important

Ce qui est **important** pour Julie
n'est peut-être pas **important**
pour Luc.
Savoir lire et écrire,
c'est **important**.

*What is important to Julie may
not be important to Luc.
It is important to be able to read
and write.*

1428   important

en, dans

Nous faisons une
promenade **en** forêt.
Nous avons pris des
sandwichs **dans** notre sac.

*We are going for a walk in
the forest.
We have brought
sandwiches in our bag.*

1429   in

l'encens

1430   incense

Il y a douze **pouces**
dans un pied.

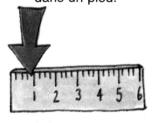

1431   inch

un index

Il y a **un index** à la fin de ce livre.
L'index contient tous les mots de ce dictionnaire.

There is an index at the back of this book.
The index contains all the words in the dictionary.

1432   index

L'indigo est un bleu violet.

1433   indigo

Marie a décidé de rester **à l'intérieur**.

1434   indoors

le bébé, le nourrisson

1435   infant

Tante Sylvie a **une infection**.

1436   infection

contagieux, communicatif

Sa maladie est **contagieuse**.
Papa a un rire **communicatif**.

Her condition is infectious.
Dad has an infectious laugh.

1437   infectious

Anne **fait savoir** à Paule qu'elle déménage.

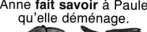

1438   to inform

L'ours **habite** une caverne.

1439   The bear **inhabits** a cave.

Quelles sont tes **initiales**?

1440   initials

une injection, la piqûre

1441   injection

la blessure au doigt

1442   injury

L'encre est dans l'encrier.

1443   ink

---

un insecte

1444   insect

dedans, à l'intérieur

1445   inside

J'**insiste** pour que tu prennes ton bain!

1446   to insist

inspecter, examiner

1447   to inspect

Sers-toi d'une cuillère **au lieu** d'une fourchette!

1449   Use a spoon **instead** of a fork!

des instructions

1450   instruction

un instructeur

1451   instructor

un inspecteur

1448   inspector

une isolation

Il y a de **l'isolation** dans les murs de la maison.
Il y a de **l'isolation** autour des fils électriques pour que les gens ne s'électrocutent pas.

There is insulation in the walls of the house.
There is insulation around the wires so people will not get a shock.

1452   insulation

le carrefour, une intersection

1453   intersection/crossroads*

une entrevue

1454   interview

Daniel entre **dans** la pièce.

1455   **into** the room

Maman **présente** Jérôme à Jerémie.

1456   to introduce

Les Vikings **envahissent** le village.

1457   to invade

La guerre a fait **des invalides**!

1458   invalid

Qu'est-ce qu'il a **inventé** là?!

1459   to invent

---

un homme **invisible**

1460   invisible

Quel plaisir de recevoir **une invitation**!

1461   invitation

Il l'**invite**.

1462   He is **inviting** her.

un iris

1463   iris

Julien **repasse** ses vêtements.

1464   to iron

le fer à repasser

1465   iron

le masque de **fer**

1466   iron mask

une île

1467   island

---

la démangeaison

Marc a des **démangeaisons** causées par l'herbe à puce.
S'il arrête de se gratter, **la démangeaison** partira.

Marc got a bad itch from poison ivy.
The itch will go away if he stops scratching.

1468   itch

démanger

1469   to itch

La peau me **démange**.

1470   My skin is **itchy**.

Le lierre pousse sur les murs.

1471   ivy

donner un coup

1472　to jab

Est-ce que **la veste** est à sa taille?

1473　jacket

la jaquette du livre

1474　dust jacket

un bord **dentelé**

1475　jagged edge

derrière les barreaux de **la prison**

1476　jail/gaol*

la confiture

1477　jam

coincer, bloquer

1478　to jam

Janvier est le premier mois de l'année.

1479　January

le bocal, la jarre

1480　jar

la mâchoire du requin

1481　jaw

le jeans

1482　jeans

la jeep

1483　jeep

la gelée

1484　jelly

le moteur **à réaction**

1485　jet engine

un avion **à réaction**

1486　jet plane

le bijou, le joyau

1488　jewel

le casse-tête, le puzzle

1489　jigsaw puzzle

faire **un travail**

1490　doing a job

le jet d'eau

1487　jet of water

Le jockey monte un cheval de course.

1491   jockey

faire du jogging, courir

1492   to jog

joindre les deux bouts

1493   to join

le joint, l'articulation

1494   joint

Monsieur Croûton rit de sa mauvaise **blague**.

1495   joke

Le juge décidera.

1496   judge

le jongleur

1497   juggler

Annie aime **le jus** d'orange frais.

1498   juice

Juillet est le septième mois de l'année.

1499   July

La grenouille **saute**.

1500   to jump

Elle **saute dans** la mare.

1501   to jump in

Elle **saute sur** un rocher.

1502   to jump on

Gilles est **un** excellent **sauteur**.

1503   jumper

une barboteuse

1504   jumper/pinafore*

les câbles de démarrage

1505   jumper cables/jump leads*

Juin est le sixième mois de l'année.

1506   June

Il y a des tigres dans **la jungle**.

1507   jungle

La jonque est un voilier chinois.

1508   junk

les déchets, la camelote

1509   junk

juste

Juste un peu, merci.
Le juge est **juste**.

Just a little, thanks.
The judge is a just person.

1510   just

K

le kaléidoscope

1511   kaleidoscope

Le petit **kangourou** est dans la poche de sa mère.

1512   kangaroo

la quille du bateau

1513   keel

Milou aime sa **niche**.

1514   kennel

le grain, la graine

1515   kernel

la bouilloire

1516   kettle

la clé, la clef

1517   key

donner un coup de pied

1518   to kick

un enfant

1519   kid

Le chevreau est le petit de la chèvre.

1520   kid

enlever, kidnapper

1521   to kidnap

le rein

1522   kidney

Le chasseur **a tué** le lion.

1523   to kill

le four du potier

1524   kiln

1 **kilogramme** = 1000 grammes

1525   kilogram

1 **kilomètre** = 1000 mètres

1526   kilometer/kilometre*

En Écosse, les hommes portent **le kilt**.

1527   kilt

La robe est **une sorte** de vêtement.

1528   A dress is a **kind** of garment.

une **gentille** petite fille

1529   **kind** girl

Le roi porte une couronne.

1530 king

le martin-pêcheur

1531 kingfisher

le kiosque à journaux

1532 kiosk

le hareng doux

1533 kippers

embrasser

1534 to kiss

Fais-moi **un baiser**.

1535 kiss

la cuisine

1536 kitchen

Le cerf-volant fait des pirouettes dans le ciel.

1537 kite

le chaton

1538 kitten

Le kiwi est un fruit savoureux.

1539 kiwi

le genou

1540 knee

se mettre à genoux, s'agenouiller

1541 to kneel

le couteau

1542 knife

Est-ce que tu sais **tricoter**?

1543 to knit

le bouton de porte

1544 knob

Frappe à la porte avant d'entrer!

1545 to knock

le nœud

1546 knot

savoir, connaître

Sais-tu ce que cela veut dire?
Je ne vous **connais** pas!

*Do you know what this means?
I don't know you.*

1547 to know

une articulation

1548 knuckle

Les koalas vivent en Australie.

1549 koala bear

L

L'étiquette prévient du danger.
1550   label

le laboratoire
1551   laboratory

un col de **dentelle**
1552   lace

un escabeau, une échelle
1554   ladder

la louche à soupe
1555   ladle

la dame
1556   lady

Marc **lace** ses souliers.
1553   to lace

la coccinelle
1557   ladybug/ladybird*

les biscuits à la cuiller, les langues de chat
1558   ladyfingers

Le monstre est dans son **repaire**.
1559   lair

Le lac est au milieu des terres.
1560   lake

un agneau
1561   lamb

Le pauvre âne est **estropié**.
1562   lame

la lampe
1563   lamp

le réverbère
1564   lamp-post

la lance du chevalier
1565   lance

la terre
1566   land

L'avion **atterrit**.
1567   to land

le palier
1568   landing

le propriétaire

Monsieur Carpin paie le loyer à son **propriétaire**.
La maison appartient à son **propriétaire**.

Mr. Carpin pays rent to his landlord.
The house belongs to the landlord.

1569   landlord

Les autoroutes ont plusieurs **voies**.

1570   lane

la langue

Combien de **langues** parles-tu?
Le français est **la langue** maternelle de Julie.

How many languages do you speak?
French is Julie's first language.

1571   language

la lanterne

1572   lantern

Elle tient le bébé sur ses **genoux**.

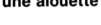

1573   lap

le mélèze

1574   larch

Le lard fond dans la poêle.

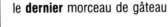

1575   lard

grand

1576   large

une alouette

1577   lark

le cil

1578   lash

le **dernier** morceau de gâteau

1579   the **last** piece

Certaines choses **durent** vraiment.

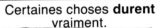

1580   Some things do **last**.

fermer au loquet

1581   to latch

Tu es **en retard**!

1582   You are **late**.

la mousse de savon

1583   lather

rire

1584   to laugh

La chaloupe les emmène au rivage.

1585   launch

lancer une fusée

1586   to **launch**

la plate-forme de lancement

1587   launchpad

le linge sale

1588   laundry/washing*

Carole fait sa lessive à la laverie.
1589   laundry/launderette*

La lavande sent bon.
1590   lavender

Obéis à la loi!
1591   Obey the law!

Qui a tondu la pelouse?
1592   lawn

poser des carreaux
1594   to lay tiles

des couches superposées
1595   layer upon layer

Il est paresseux.
1596   He is lazy.

la tondeuse à gazon
1593   lawn mower

Vincent mène le cheval.
1597   to lead

le chef, le guide
1598   leader

la feuille
1599   leaf

Le seau fuit.
1600   to leak

La Tour de Pise penche.
1601   to lean

J'apprends à lire.
1602   I learn to read.

la laisse de Fido
1603   leash/lead*

Les chaussures sont en cuir.
1604   Shoes are made of leather.

Je laisse ce paquet ici.
1605   to leave

partir, quitter
1606   to leave

le rebord de la fenêtre
1607   ledge of a window

le poireau
1608   leek

Tourne à gauche!

1609   left

Il est **gaucher**.

1610   He is **left**-handed.

la jambe

1611   leg

la légende du cyclope

1612   legend

le citron

1613   lemon

la limonade

1614   lemonade

Je te **prête** ce livre.

1615   to lend

la lentille, le verre de lunettes

1616   lens

Le léopard est à l'affût.

1617   leopard

le collant

1618   leotard

Il y en a **moins** ici.

1619   There is **less** here.

la leçon

1620   lesson

Lâche-moi!

1621   **Let** me go!

la lettre de l'alphabet

1622   **letter** of the alphabet

Julie a écrit **une lettre**.

1623   letter

La laitue pousse au jardin.

1624   lettuce

le niveau

1625   **level** surface

le levier

1626   lever

Le menteur a été puni.

1627   liar

Silence à **la bibliothèque**!

1628   library

la plaque d'immatriculation

1629   licence plate/number plate*

lécher

1630   to lick

le couvercle du pot

1631   lid

Pinocchio est en train de **mentir**.

1632   to lie

La vie de ce bébé vient de commencer.

1634   life

le canot de sauvetage

1635   lifeboat

lever, soulever

1636   to lift

se coucher

1633   to lie down

la lumière de la lampe

1637   light/table lamp*

Papa **allume** la bougie.

1638   to light

une ampoule

1639   lightbulb

Elle **allège** la charge.

1640   She **lightens** the load.

le phare

1641   lighthouse

la foudre, un éclair

1642   lightning

le paratonnerre

1643   lightning rod

Cora **aime** bien son chat.

1644   to like

probablement, vraisemblable

Sophie ne viendra **probablement** pas demain. C'est une explication **vraisemblable**.

Sophie is not likely to come tomorrow. That is a likely explanation.

1645   likely

Le lilas fleurit au printemps.

1646   lilac

le lis

1647   lily

la branche de l'arbre

1648   limb

la lime, le citron vert

1649   lime

la limite

La limite de vitesse est de 30 milles à l'heure.
La bonté de Mamie n'a pas de **limite**.

The speed limit is 30 miles per hour.
There is no limit to Mamie's kindness.

1650   limit

Notre voisin **boite**.

1651   to limp

la ligne

Peux-tu dessiner **une ligne** vraiment droite?

1652   line

Le linge est empilé dans l'armoire

1653   linen

Le paquebot vogue sur l'océan.

1654   liner

la doublure de la jaquette

1655   lining

unir, lier

1656   to link

la charpie

1657   lint

le lion

1658   lion

les lèvres

1659   lips

le rouge à lèvres

1660   lipstick

L'eau et le lait sont **des liquides**.

1661   liquid

la liste

1662   list

Ils **écoutent**.

1663   They are **listening**.

le litre

1664   liter/litre*

Il ne faut pas **jeter ses déchets**!

1665   to litter

une **petite** pomme

1666   a little apple

vivre

Julie **vit** à la ville.
Il serait difficile de **vivre** sur la lune.

Julie lives in the city.
It would be difficult to live on the moon.

1667   to live

animé

1668   lively

le salon

1669   living room/lounge*

le lézard

1670   lizard

Le soldat **charge** le canon.

1671   to load

charger un camion

1672   to load

la miche de pain

1673   loaf

prêter

Sébastien **a prêté** de l'argent à Julie parce qu'elle avait dépensé tout son argent de poche.

Sébastien loaned/lent Julie some money because she had spent her allowance.*

1674   to loan/lend*

un homard

1675   lobster

fermer à clé, verrouiller

1676   to lock

la locomotive

1678   locomotive

le criquet, la sauterelle

1679   locust

le chalet de ski

1680   lodge/chalet*

la serrure de la porte

1677   lock

Le grenier est sous le toit.

1681   loft

la bûche de bois

1682   log

Laura lèche **la sucette**.

1683   lollipop

seul, solitaire

1684   lonely

La girafe a un cou très **long**.

1685   long

Lucien **regarde** par la fenêtre.

1686   to look

le métier à tisser

1687   loom

la boucle

1688   loop

Le bracelet est trop **lâche**.

1689   loose

Gérard **a perdu** une moufle.

1690   to **lose**

la lotion pour la peau

1691   lotion

La musique est trop **bruyante**.

1692   loud

le haut-parleur

1693   loudspeaker

s'étendre paresseusement

1694   to **lounge**

l'amour

L'amour est une chose très importante.
Julie pense que quand on a de l'amour, on a tout dans la vie.

Love is very important. Julie thinks that if you have love you have everything.

1695   love

Ils **s'aiment**.

1696   to **love**

belle, jolie

1697   lovely

la branche **basse**

1698   **low** branch

baisser, abaisser

1699   to **lower**

chanceux

Martin est **chanceux** de visiter la Suisse.
Julie est **chanceuse** d'avoir un si gentil petit frère.

Martin is lucky to be able to visit Switzerland. Julie is lucky to have such a cute little brother.

1700   lucky

les bagages

1701   luggage

L'eau **tiède** n'est ni chaude, ni froide.

1702   lukewarm water

Maman chante **une berceuse**.

1703   lullaby

le bois de construction

1704   lumber/timber*

Il a **une** grosse **bosse**.

1705   lump

le déjeuner

1706   lunch

la boîte à lunch, à déjeuner

1707   lunchbox

le poumon

1708   lung

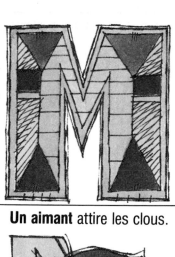

le magazine, la revue

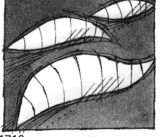

1709   magazine

Les asticots ne sont pas beaux.

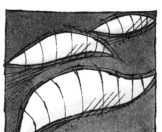

1710   maggot

La magie est parfois étrange.

1711   magic

Un aimant attire les clous.

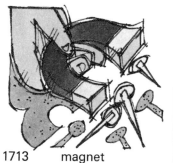

1713   magnet

un lion **magnifique**

1714   magnificent

La loupe grossit l'insecte.

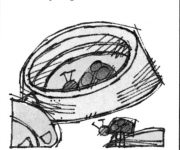

1715   magnifying glass

Le magicien fait apparaître un lapin.

1712   magician

la pie

1716   magpie

poster, envoyer par la poste

1717   to mail/post*

Le facteur livre le courrier.

1718 mail carrier/postman*

Que **fait** Marc?

1719   to make

le maquillage de Mélodie

1720   makeup

le mâle et la femelle

1721   male

le maillet

1722   mallet

un homme

1723   man

La mandarine est un fruit juteux.

1724   mandarin

Il joue de **la mandoline**.

1725   mandolin

la crinière du cheval

1726   mane

La mangue est un fruit très sucré.

1727   mango

Il a de bonnes **manières.**

1728   He has good manners.

beaucoup

1729   many

la carte de géographie

1730   map

Le sculpteur taille **le marbre.**

1731   marble

marcher

1733   to march

Mars est le troisième mois de l'année.

1734   March

La jument est la femelle du cheval.

1735   mare

les billes

1732   marbles

le souci, un œillet d'Inde

1736   marigold

marquer la réponse correcte

1737   to mark

Tu as eu de bonnes **notes.**

1738   mark

le marché de fruits et légumes

1739   market

se marier

1740   to marry

le marais

1741   marsh

faire de la purée, écraser les pommes de terre

1742   to mash potatoes

le masque

1743   mask

Une masse a un poids.

1744   mass

le mât du voilier

1745   mast

Andrée **sait parfaitement faire** du vélo.

1746   to master

le match, la partie de tennis

1747   match

Il ne faut pas jouer avec **les allumettes**!

1748   match

les mathématiques

2
+2
4

1749   mathematics

une affaire

Tricher à l'école, c'est **une affaire** grave.
Le cerveau contient de **la matière** grise.

To cheat in school is a serious matter.
The brain contains grey matter.

1750   matter

Le matelas est vieux.

1751   mattress

Mai est le cinquième mois de l'année.

1752   May

peut-être

Julie devrait **peut-être** rester à la maison.
La réponse n'est ni oui, ni non : c'est **peut-être**.

Maybe Julie should stay home.
The answer is not yes, and it is not no, it is maybe.

1753   maybe

le maire de la ville

1754   mayor

Ne te perds pas dans **le labyrinthe**!

1755   maze

le pré, la prairie

1756   meadow

la grande sturnelle

1757   meadowlark

le repas

1758   meal

un **méchant** garçon

1759   mean person

Francine a **la rougeole**.

1760   measles

La règle sert à **mesurer** la longueur.

1 2 3 4 5 6

1761   to measure

la viande

1762   meat

le mécanicien

1763   mechanic

la médaille d'honneur

1764   medal

Le médecin prescrit **des médicaments**.

1765   medicine

moyen

1766   medium

rencontrer

1767   to meet

la réunion des professeurs

1768   meeting

le melon

1769   melon

Le glaçon **fond**.

1770   to melt

Notre club a quatre **membres**.

1771   Our club has four **members**.

le menu du restaurant

1772   menu

la merci, la pitié

Nous sommes à la **merci** du temps.
Les bandits n'ont eu aucune **pitié**.

We are at the mercy of the weather.
The bandits showed no mercy to anyone.

1773   mercy

la sirène

1774   mermaid

gai, joyeux

1775   merry

un désordre terrible

1776   a real mess

Voilà **un message** pour toi.

1777   message

la messagère

1778   messenger

La chope est en **métal**.

1779   metal

Les météorites tombent du ciel.

1780   meteorite

le compteur

1781   meter

le mètre

1782   meter/metre*

la méthode

Julie a **une méthode** pour apprendre vite.
Une méthode, c'est une manière de faire les choses.

Julie has a method to learn quickly.
A method is a way of doing things.

1783   method

le métronome

1784   metronome

le microphone, le micro

1785   microphone

le microscope

1786   microscope

le four à micro-ondes

1787   microwave oven

midi	**au milieu**	**le nain**	**minuit**
1788 midday	1789 in the **middle**	1790 midget	1791 midnight

le mille

Un mille a 5280 pieds.
La vitesse limite est de 30 **milles** à l'heure.

*One mile has 5280 feet.
The speed limit is 30 miles per hour.*

1792 mile

le lait de la vache

1793 milk

Le moulin est au bord de la rivière.

1794 mill

l'esprit, l'intelligence

E=MC²

1795 mind

La mine est sous la terre.

1796 mine

Ce **mineur** qui travaille dans la mine examine la roche.

1797 miner

les **minéraux**

1798 minerals

le vairon, le méné

1799 minnow

Ces bonbons ont le goût de **la menthe**.

1800 mint

moins

7-5=2

1801 minus

Il y a soixante **minutes** dans une heure.

1802 minute

un drôle de **miracle**

1803 miracle

le mirage dans le désert

1804 mirage

le miroir

1805 mirror

L'avare aime ses sous.

1806 miser

Ma famille me **manque**.

1807 to miss

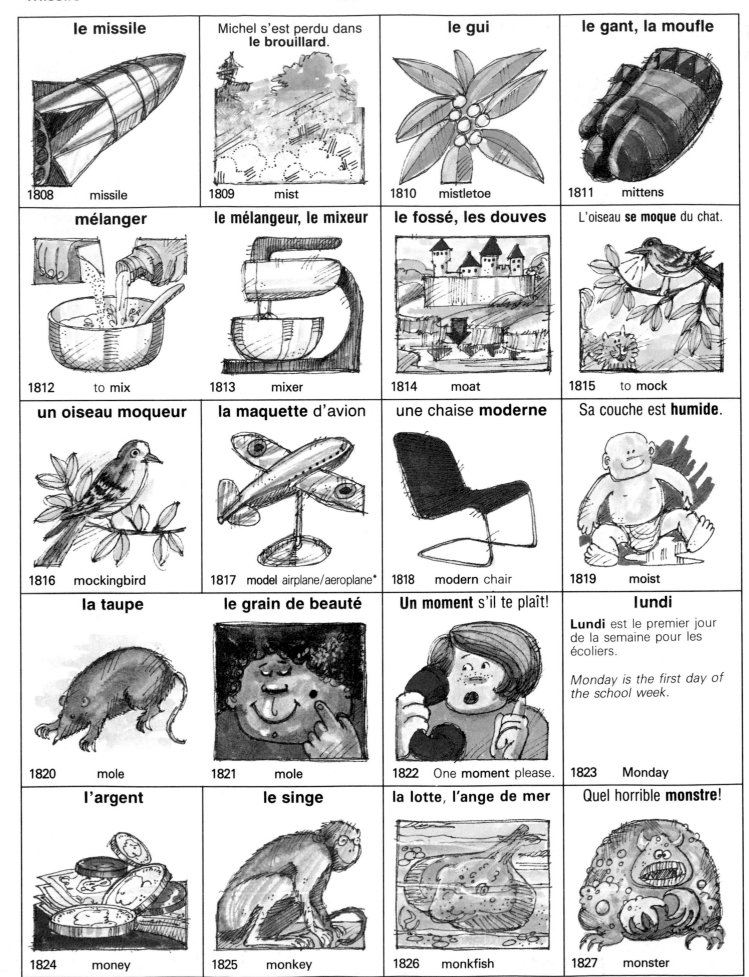

le missile

1808　　missile

Michel s'est perdu dans **le brouillard**.

1809　　mist

le gui

1810　　mistletoe

le gant, la moufle

1811　　mittens

mélanger

1812　　to mix

le mélangeur, le mixeur

1813　　mixer

le fossé, les douves

1814　　moat

L'oiseau **se moque** du chat.

1815　　to mock

un oiseau moqueur

1816　　mockingbird

la maquette d'avion

1817　　model airplane/aeroplane*

une chaise **moderne**

1818　　modern chair

Sa couche est **humide**.

1819　　moist

la taupe

1820　　mole

le grain de beauté

1821　　mole

Un moment s'il te plaît!

1822　　One moment please.

lundi

Lundi est le premier jour de la semaine pour les écoliers.

Monday is the first day of the school week.

1823　　Monday

l'argent

1824　　money

le singe

1825　　monkey

la lotte, l'ange de mer

1826　　monkfish

Quel horrible **monstre**!

1827　　monster

Il y a 12 **mois** dans l'année.

1828   month

le monument

1829   monument

Il est de bonne **humeur**.

1830   He is in a good **mood**.

Il est de mauvaise **humeur.**

1831   He is in a bad **mood**.

un croissant de **lune**

1832   moon

un **orignal**

1833   moose

le matin

1834   morning

le mortier et le pilon

1835   mortar and pestle

la mosaïque

1836   mosaic

Le moustique pique.

1837   mosquito

La mousse pousse sur les arbres.

1838   moss

la mère, la maman

1839   mother

le moteur

1840   motor

la motocyclette

1841   motorcycle

le moule à gâteaux

1842   mould*/mold

la motte, la butte

1843   mound

se mettre en selle, monter

1844   to mount

la montagne

1845   mountain

la souris

1846   mouse

Jules a **une** grosse **moustache**.

1847   moustache*/mustache

la bouche
1848   mouth

L'escargot **bouge** lentement.
1849   to move

le mouvement du balancier
1850   movement

le film
1851   movie/film*

tondre la pelouse
1852   to **mow** the lawn

C'est **trop** pour moi.
1853   too **much** for me

Pourquoi s'est-il assis dans **la boue**?
1854   mud

la mule
1855   mule

multiplier
1856   multiply

Maurice a **les oreillons**.
1857   mumps

Assassiner quelqu'un, c'est un crime horrible.
1858   to murder

le muscle
1859   muscle

Le musée contient des choses rares.
1860   museum

Certains **champignons** sont vénéneux.
1861   mushroom

Julie aime **la musique**.
1862   music

La maman de Julie est **musicienne**.
1863   musician

Les moules vivent sur les rochers dans la mer.
1864   mussel

Tu **dois** sauter!
1865   You **must** jump.

la moutarde
1866   mustard

Il a **une muselière** sur **le museau**.
1867   muzzle

N

le clou

1868   nail

un ongle

1869   finger**nail**

**la pince à ongles,
le coupe-ongles**

1870   **nail** clipper

Ils sont tous les deux **nus**.

1872   naked

Mon **nom** est...

1873   My **name** is...

la serviette

1874   napkin/serviette*

clouer

1871   to **nail**

trop **étroit** pour passer

1875   too **narrow** to pass

Certaines **nations** sont des îles.

1876   nation

naturel

Les aliments **naturels** sont bons à la santé.
Les fruits contiennent du sucre **naturel**.

*It is healthy to eat natural foods.
Fruit contains natural sugar.*

1877   natural

La nature est belle.

1878   nature

Elle est **méchante**.

1879   She is **naughty**.

La capitaine **navigue** à l'étoile.

1880   to **navigate**

Elle est tout **près** du but.

1881   near

net, propre

1882   neat

pas agréable, mais **nécessaire**

1883 Not pleasant, but **necessary**.

le cou

1884   neck

le collier

1885   necklace

L'abeille fait du miel avec **le nectar**.

1886   nectar

la nectarine, le brugnon

1887   nectarine

le besoin

Julie aide toujours ses amis quand ils sont dans **le besoin**.
Se loger et manger sont **des besoins** fondamentaux.

Julie always helps her friends in need.
Food and shelter are basic human needs.

1888   need

J'ai besoin d'eau.

1889   I **need** water.

Tu sais enfiler une aiguille?

1890   needle

Il néglige son chien.

1891   He **neglects** his dog.

Le cheval hennit.

1892   to neigh

les voisins

1893   neighbors/neighbours*

Ni l'une ni l'autre ne me va.

1894   **neither** one fits

une enseigne au néon

1895   neon sign

Mon neveu est le fils de mon frère.

1896   My **nephew** is my brother's son.

le nerf

1897   nerve

Robert est nerveux.

1898   nervous

deux œufs dans le nid

1899   nest

Les orties piquent.

1900   nettle

Ne joue jamais avec le feu!

1901   **Never** play with fire!

un chapeau neuf

1902   new

les nouvelles

Maman lit les **nouvelles**.
J'ai de bonnes **nouvelles** pour toi!

Mother reads the news.
I have good news for you!

1903   news

le journal

1904   newspaper

Au suivant!

1905   Next !

grignoter, ronger

1906   to nibble

L'un des deux est **gentil**.

1907   nice

le nickel

1908   nickel

le surnom

Son prénom est Ariane, mais son **surnom** est Nanou.

Her name is Ariane, but her nickname is Nanou.

1909   nickname

Ma **nièce** est la fille de mon frère.

1910   My **niece** is my brother's daughter.

Les hiboux chassent **la nuit**.

1911   night

le rossignol

1912   nightingale

Bastien fait **un cauchemar**.

1913   nightmare

neuf

1914   nine

La réponse est **non**.

1916   no

noble

Sir Du Val est **noble** et généreux. Aider une vieille dame à traverser la rue est une action **noble**.

Sir Du Val is noble and generous. Helping an old lady across the street is a noble deed.

1917   noble

le gentilhomme

1918   nobleman

le neuvième

1915   ninth

Il n'y a **personne** ici.

1919   nobody

le bruit

1920   noise

À **midi**, le soleil est au zénith.

1921   noon

le nord

1922   north

J'ai une mouche sur **le nez**!

1923   nose

la noix

1924   nuts

le casse-noix

1925   nutcracker

les bas de **nylon**

1926   nylon stockings/**tights***

le chêne

1927　oak

Le requin a mordu **la rame**.

1928　oar

une oasis dans le désert

1929　oasis

oblong, allongé

1930　oblong

observer

1931　to observe

Les paquebots traversent **l'océan**.

1932　ocean

Un octogone a huit côtés.

1933　octagon

Octobre est le dixième mois de l'année.

1934　October

La pieuvre a des tentacules.

1935　octopus

un odomètre, le compteur kilométrique

1936　odometer/milometer*

une odeur infecte

1937　odor/odour*

Descends de la table!
La lumière est éteinte.
Catherine enlève
son manteau.

Get off the table!
The light is off.
Catherine takes off
her coat.

1938　off

offrir

1939　to offer

un officier

1940　officer

souvent, fréquemment

En automne, il pleut **souvent**.
Est-ce que l'autobus passe **souvent**?
Oui, assez **fréquemment**.

It often rains in the autumn.
Does the bus run often?
Yes, often enough.

1941　often

l'huile, le pétrole

1942　oil

la pommade

1943　ointment

un homme très **vieux**

1944　old

Les olives poussent sur des arbres.

1945　olive

Le cuisinier fait **une omelette.**

1946   omelette

Le pot de fleurs est **sur** la table.

1947   **on** the table

---

une fois

Il était **une fois** une petite fille appelée Julie...
Guillaume a voyagé en Chine **une** seule **fois.**

Once upon a time, there was a little girl called Julie... Guillaume has travelled only once to China.

1948   once

---

le chiffre un

1949   one

---

un oignon

1950   onion

---

mon **seul** amour

1951   my **only** love

Ne laisse pas la porte **ouverte!**

1952   open

---

ouvrir

1953   to **open**

Jacques se sentira mieux après **l'opération.**

1954   operation

---

un opossum

1955   opossum

---

contraire, en face

Le bien est **le contraire** du mal.
La famille Gervais vit **en face** de chez nous.

*Good is the opposite of bad.
The Gervais family lives opposite us.*

1956   opposite

---

ou

Tu peux faire tes devoirs **ou** nettoyer ta chambre.
Préfères-tu une poire **ou** une pomme?

*You can do your homework or tidy up your room.
Do you prefer a pear or an apple?*

1957   or

Il faut peler **une orange.**

1958   orange

---

la couleur **orange**

1959   orange

Le verger est plein d'arbres fruitiers.

1960   orchard

---

un orchestre

1961   orchestra

---

une orchidée

1962   orchid

Édouard **commande** un repas.

1963   to **order**

---

l'origan, la marjolaine

1964   oregano

Albert joue de **l'orgue.**

1965   organ

le loriot

1966   oriole

Un orphelin n'a pas de parents.

1967   orphan

Une autruche ne peut pas voler.

1968   ostrich

La loutre aime manger du poisson.

1969   otter

Il y a seize **onces** dans une livre.

1970   ounce

dehors, à l'extérieur

1971   outdoors

Tu aimes ma **tenue**?

1972   outfit

ovale

1973   oval

Il y a une tarte dans **le four.**

1974   oven

Un homme à la mer!

1975   Man overboard!

le pardessus

1976   overcoat

Le seau **déborde**.

1977   to overflow

la galoche

1978   overshoe

chavirer, se renverser

1979   to overturn

devoir

Mieux vaut ne pas **devoir** d'argent.
Tu **dois** le respect à ton professeur.

It is best not to owe any money.
You owe respect to your teacher.

1980   to owe

le hibou, la chouette

1981   owl

posséder, avoir

Nous possédons la maison où nous habitons.
Julie a 2 paires de chaussures.

We own the house we live in.
Julie owns 2 pairs of shoes.

1982   to own

le bœuf

1983   ox

Le plongeur a besoin d'**oxygène**.

1984   oxygen

Cette **huître** contient une perle.

1985   oyster

P

Julie **fait ses bagages**.
1986   to pack

le colis
1987   package

le bloc
1988   pad

Isabelle tient **la pagaie**.
1990   paddle

pagayer
1991   to paddle

le cadenas
1992   padlock

la plate-forme de lancement
1989   pad

Tourne **la page**!
1993   page

Le seau d'eau est lourd.
1994   pail

la peinture
1996   paint

Ne touche pas **la peinture** fraîche!
1997   wet paint

la douleur
1995   pain

le peintre
2000   painter

Bastien **peint** la barrière.
1998   to paint

le pinceau
1999   paintbrush

la peinture
2001   painting

une paire de chaussures
2002   a **pair** of shoes

le palais
2003   palace

Cette fleur est de couleur **pâle**.
2004   pale

la palette du peintre

2005   palette

la paume de la main

2006   palm

la casserole

2007   pan

Julie raffole **des crêpes**.

2008   pancake

le panda

2009   panda

la console

2010   panel

Fabrice joue de **la flûte de Pan**.

2011   panpipe

la pensée

2012   pansy

Blanchot **halète**.

2013   to pant

la panthère

2014   panther

le pantalon

2015   pants/trousers*

La papaye est
un fruit comestible.

2016   papaya

le papier

2017   paper

Le parachute freine sa chute.

2018   parachute

la parade, **le défilé**

2019   parade

des lignes **parallèles**

2020   parallel lines

figé par la peur,
paralysé par la peur

2021   paralyzed/paralysed*

Julie a reçu **un colis**.

2022   parcel

Le père et la mère sont
les parents.

2023   parent

Grand-mère est
dans **le parc**.

2024   park

garer, stationner

2025   to park

la parka

2026   parka

le parlement

2027   parliament

Le perroquet répète tout ce que je dis.

2028   parrot

le persil

2029   parsley

Le panais est un légume comestible.

2030   parsnip

Il y a **des particules** de poussière dans l'air.

2031   particle

le partenaire

2032   partner

la fête, la soirée

2033   party

Marie **passe** la balle…

2034   to pass

et Henri **tombe dans les pommes** sous le choc.

2035   to pass out

le passage

2036   passage

La passagère ne rame pas.

2037   passenger

Il faut **un passeport** pour aller à l'étranger.

2038   passport

passé

Dans **le passé**, il n'y avait ni avions ni autos.
Hier, c'est **le passé**; demain, c'est l'avenir.

In the past, there were no planes or cars. Yesterday is the past, tomorrow is the future.

2039   past

les pâtes, les nouilles

2040   pasta

Émile **colle** du papier peint.

2041   to paste

La broderie est **le passe-temps** favori de Marie.

2042   pastime

la pâtisserie

2043   pastry

le pré, le pâturage

2044   pasture

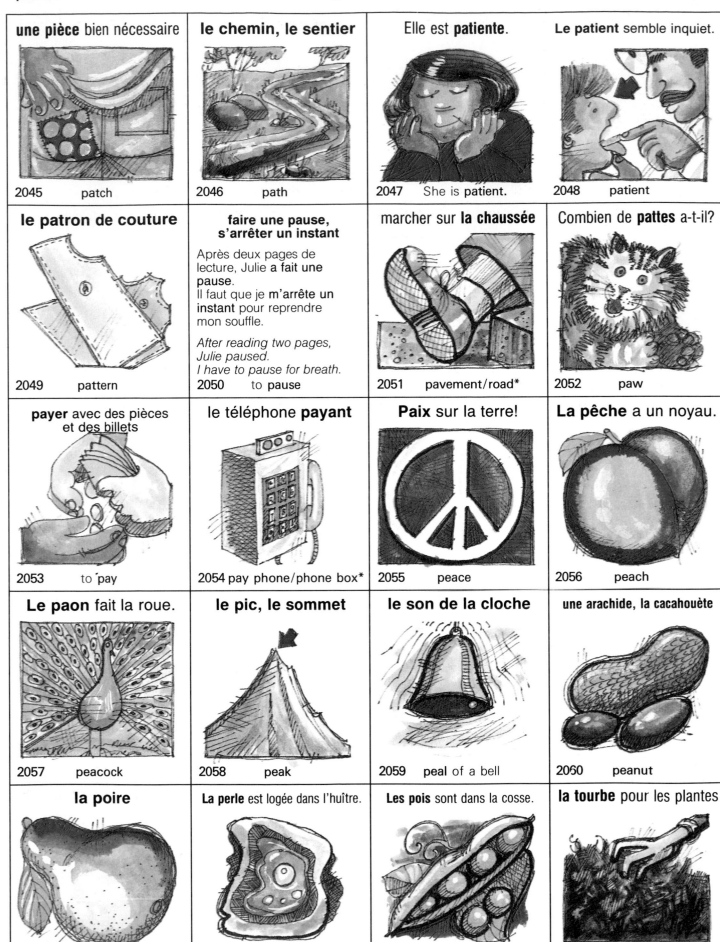

une pièce bien nécessaire
2045   patch

le chemin, le sentier
2046   path

Elle est **patiente**.
2047   She is **patient**.

Le patient semble inquiet.
2048   patient

le patron de couture
2049   pattern

faire une pause, s'arrêter un instant
Après deux pages de lecture, Julie **a fait une pause**.
Il faut que je **m'arrête un instant** pour reprendre mon souffle.

After reading two pages, Julie paused.
I have to pause for breath.
2050   to **pause**

marcher sur **la chaussée**
2051   pavement/road*

Combien de **pattes** a-t-il?
2052   paw

payer avec des pièces et des billets
2053   to ′pay

le téléphone **payant**
2054 pay phone/phone box*

Paix sur la terre!
2055   peace

La pêche a un noyau.
2056   peach

Le paon fait la roue.
2057   peacock

le pic, le sommet
2058   peak

le son de la cloche
2059   peal of a bell

une arachide, la cacahouète
2060   peanut

la poire
2061   pear

La perle est logée dans l'huître.
2062   pearl

Les pois sont dans la cosse.
2063   peas

la tourbe pour les plantes
2064   peat moss

le caillou, le galet

2065   pebbles

la pacane

2066   pecan

picorer du bec

2067   to peck

la pédale du vélo

2068   pedal

Le piéton marche sur le trottoir.

2070   pedestrian

le passage pour piétons

2071   pedestrian crossing

peler, éplucher

2072   to peel

Mélanie **pédale** fort.

2069   to pedal

Le pélican a un bec très long.

2073   pelican

le stylo

2074   pen

le crayon

2075   pencil

Le pendule oscille.

2076   pendulum

le pingouin

2077   penguin

le canif

2078   penknife

Le pentagone a cinq côtés.

2079   pentagon

les gens, le peuple

2080   people

Les graines de **poivre** sont à côté du poivrier.

2081   pepper

la menthe poivrée

2082   peppermint

la perche

2083   perch

L'oiseau a trouvé **un perchoir**.

2084   perch

un spectacle très réussi

2085   performance

le parfum

2086   perfume

On met **un point** en fin de phrase.

glurg!

2087   period/full stop*

La pervenche a des pétales bleus.

2088   periwinkle

la personne

2089   person

un insecte nuisible

2090   pest

Gaétan **embête** son papa.

2091   to pester

un animal familier

2092   pet

Combien de **pétales** a cette fleur?

2094   petal

le pétunia

2095   petunia

La pharmacienne vend des médicaments.

2096   pharmacist/chemist*

caresser, câliner

2093   to pet

la pharmacie

2097   pharmacy/chemist's*

le faisan

2098   pheasant

le téléphone

2099   phone

la photographie, la photo

2100   photograph

le piano de la maman de Julie

2101   piano

Choisis une carte!

2102   to pick

lever, soulever

2103   to pick up

la pioche

2104   pickaxe

les cornichons

2105   pickles

faire des conserves au vinaigre

2106   to pickle

un pique-nique à la campagne

2107   picnic

Le tableau de Pablo est très moderne.

2108   picture

la tarte aux cerises

2109   pie

Mmmm! **un morceau** de tarte!

2110   a piece/slice* of pie

Mélanie **joint** les deux morceaux de l'anse.

2111   to piece together

la jetée, la digue

2112   pier

le cochon, le porc

2113   pig

le pigeon

2114   pigeon

Le cochon est dans **la porcherie**.

2115   pigsty

le tas, le monceau

2116   pile

le comprimé, le cachet

2117   pill/tablet*

le pilier, la colonne

2118   pillar

Comme il fait bon dormir sur **un coussin** ou **un oreiller**!

2119   pillow

la taie d'oreiller

2120   pillowcase

le pilote de l'avion

2121   pilot

la verrue

2122   pimple

Le crabe a **des pinces**.

2123   pincers

Pincer fait mal.

2124   to pinch

le sapin

2125   pine

un ananas

2126   pineapple

la couleur rose

2127   pink

Maurice aime fumer **la pipe**.

2128   pipe

Le pirate est éclopé.

2129   pirate

la pistache

2130   pistachio

un pistolet ancien

2131   pistol

Georges **lance la balle**.

2132   to pitch

avoir pitié

Julie **a pitié** de Luc qui a
perdu son chat.

*Julie pities Luc, who lost
his cat.*

2136   to pity

un endroit, la place

Cet **endroit** est parfait pour
un pique-nique.
Jean remet le marteau
à sa **place**.

*This place is perfect
for a picnic.
Jean puts the hammer
back in its place.*

2137   place

le carrelet, la plie

2138   plaice

Bravo Georges, bien lancé!
Ce piano est mal accordé.

*Hey Georges, that was a
good pitch.
This piano is off pitch.*

2133   pitch

Elle porte une chemise **unie**.

2139   plain shirt

La plaine s'étend sur des
centaines de kilomètres.

2140   plain

L'architecte **fait des plans**.

2141   to plan

la fourche du fermier

2134   pitchfork

le rabot du menuisier

2142   plane

Les planètes tournent
autour du soleil.

2143   planets

la planche

2144   plank

le goudron

2135   pitch tar

la plante   Le jardinier **plante** des fleurs.

2145   plants   2146   to plant

le plâtre   Elle **plâtre** le mur.

2147   plaster   2148   to plaster

Deux objets en **plastique**.

2149   plastic

la pâte à modeler

2150   plasticine

C'est **l'assiette** de Julie.

2151   plate

le plateau

2152   plateau

le quai de la gare

2153   platform

Ils **jouent** dans le bac à sable et dans **l'aire de jeux**.

2154   to play   2155   playground

les cartes à jouer

2156   playing cards

Il **supplie** le bourreau.

2157   to plead

une journée **agréable**

2158   a **pleasant** day

Un verre de lait, **s'il vous plaît**.

2159   A glass of milk, **please**.

le pli

2160   pleat

la pince, la tenaille

2161   pliers

Le fermier **laboure** son champ.

2162   plow/plough*

plumer une volaille

2163   to pluck

Branche le fil dans la prise!

2164   plug

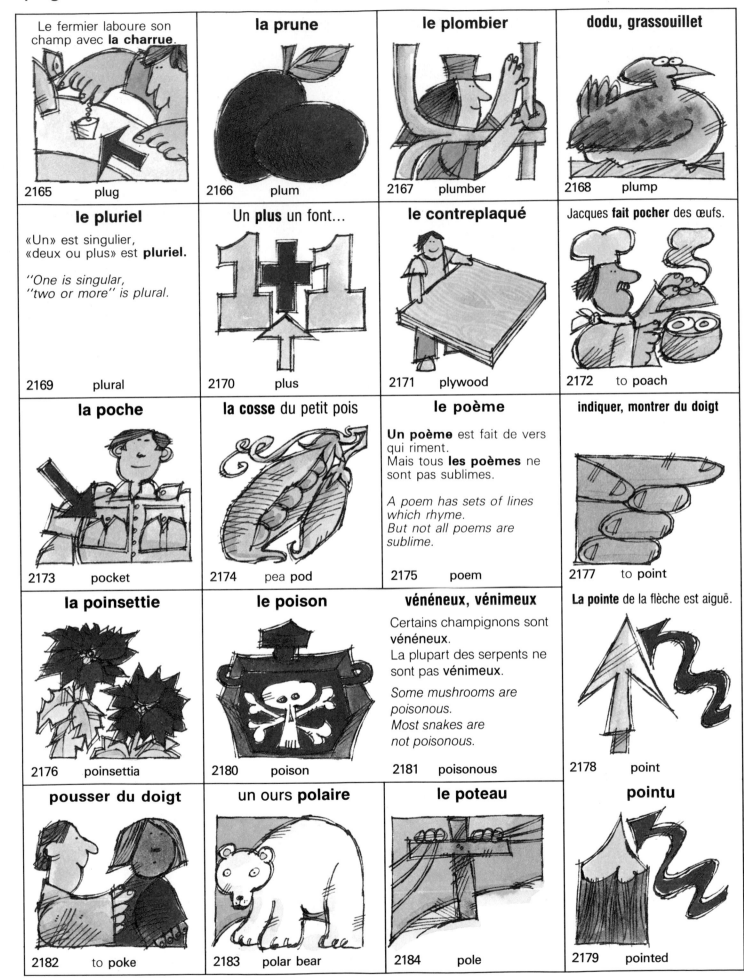

2165 plug

Le fermier laboure son champ avec **la charrue.**

---

la prune

2166 plum

---

le plombier

2167 plumber

---

dodu, grassouillet

2168 plump

---

le pluriel

«Un» est singulier,
«deux ou plus» est **pluriel.**

*''One is singular,
''two or more'' is plural.*

2169 plural

Un **plus** un font...

2170 plus

---

le contreplaqué

2171 plywood

Jacques **fait pocher** des œufs.

2172 to poach

---

la poche

2173 pocket

---

la cosse du petit pois

2174 pea pod

---

le poème

Un poème est fait de vers qui riment.
Mais tous **les poèmes** ne sont pas sublimes.

*A poem has sets of lines which rhyme.
But not all poems are sublime.*

2175 poem

---

indiquer, montrer du doigt

2177 to point

---

la poinsettie

2176 poinsettia

---

le poison

2180 poison

---

vénéneux, vénimeux

Certains champignons sont **vénéneux.**
La plupart des serpents ne sont pas **vénimeux.**

*Some mushrooms are poisonous.
Most snakes are not poisonous.*

2181 poisonous

La pointe de la flèche est aiguë.

2178 point

---

pousser du doigt

2182 to poke

---

un ours **polaire**

2183 polar bear

---

le poteau

2184 pole

---

pointu

2179 pointed

le policier, l'agent de police

2185   policeman

l'agente de police

2186   policewoman

polir, lisser

2187   to polish

poli

Ce n'est pas **poli** de crier.
Le professeur attend une
réponse **polie**.

*It is not polite to shout.
The teacher expects a
polite answer.*

2188   polite

Julie est allergique au
pollen des fleurs.

2189   pollen

La grenade est un fruit.

2190   pomegranate

un étang au milieu des bois

2191   pond

le poney de Joséphine

2192   pony

Ils nagent dans **la piscine**.

2193   pool

mettre en commun

2194   to pool

pauvre, piètre

Sa famille n'est ni **pauvre**,
ni riche.
Julie a obtenu de **piètres**
résultats parce qu'elle n'a pas
travaillé dur.

*Her family is not poor, but it is
not rich either.
Julie had poor results
because she did not
work hard.*

2195   poor

faire sauter le bouchon

2196   to pop

le peuplier

2197   poplar

le pavot, le coquelicot

2198   poppy

Beaucoup de gens
aiment Julie.
Ce livre plaît à beaucoup
de gens.

*Julie is a popular girl.
This book is very popular.*

2199   popular

le porche

2200   porch

Les pores sont des petits
troùs de la peau.

2201   Pores are little holes in the skin.

le porridge, la bouillie

2202   porridge

le port

2203   port

portatif

Julie veut une radio
portative, mais elle n'a pas
fait assez d'économies.

*Julie wants a portable radio
but she has not saved up
enough money.*

2204   portable

le porteur	**le portrait** de tante Alice	**le poteau, le pilier**	Pierre **poste** une lettre.
2205 porter	2206 portrait	2207 post	2208 to post
la carte postale	**une affiche**	**le pot**	**le bureau de poste**
2210 postcard	2211 poster	2212 pot	2209 post office
la pomme de terre	**la poterie, la céramique**	**la bourse, le sac**	**sauter, bondir**
2213 potato	2214 pottery	2215 pouch	2216 to pounce
la livre Quatre bananes pèsent environ **une livre.** *Four bananas weigh about a pound.*	**frapper, taper**	**verser**	**bouder**
2217 pound	2218 to pound	2219 to pour	2220 to pout
la poudre	**pratiquer, s'exercer**	Le blé pousse dans **la prairie.**	**louer, glorifier**
2221 powder	2222 to practice/practise*	2223 prairie	2224 to praise

Le cheval piaffe.

2225   to prance

prier

2226   to pray

Je préfère celle-là.

2227   to prefer

Elle est enceinte.

2228   She is pregnant.

Je suis présent.

2229   I am present.

le cadeau d'anniversaire

2230   birthday present

présenter, décerner un prix

2231   to present

les conserves de fruits

2232   preserved fruit

presser, appuyer

2233   to press

une **jolie** fillette

2234   pretty

La chouette a attrapé **une proie.**

2235   prey

Le prix est marqué sur l'étiquette.

2236   price

piquer

2237   to prick

un animal **armé de piquants**

2238   prickly animal

une école **primaire**

2239   primary school

la primevère à grandes fleurs

2240   primrose

le prince

2241   prince

la princesse

2242   princess

la directrice d'école

2243   school principal/Head teacher*

le principe

En **principe**, je suis d'accord avec toi.
Le premier **principe**, c'est de travailler dur.

*In principle, I agree with you.
The first principle is to work hard.*

2244   principle

imprimer	**le prisme**	Le voleur est allé en **prison**.	**le prisonnier**
2245 to print	2246 prism	2247 prison	2248 prisoner
privé Julie et moi avons une conversation **privée**. C'est une propriété **privée**. *Julie and I are having a private conversation.* *This is private property.*	**le prix, la récompense**	**le problème**	**les produits** maraîchers
2249 private	2250 prize	2251 problem	2252 produce
Il y a peu de bons **programmes** à la télévision.	**Interdit** aux chiens!	**le projet** Lucie est en train de travailler à **un projet** difficile. Julie n'a pas bien réussi son **projet**. *Lucie is working on a difficult project.* *Julie did not do well on her project.*	Cette usine **fabrique** des voitures.
2254 program/programme*	2255 prohibited	2256 project	2253 This factory **produces** cars.
Je promets.	**la dent** de la fourche	**Prononce** bien tes mots!	**la preuve** de sa culpabilité
2257 I promise.	2258 prong	2259 to pronounce	2260 proof of guilt
appuyer, soutenir	**une hélice**	**correctement** vêtu	**la propriété** Julie dit «C'est à moi» quand elle veut dire «C'est ma **propriété**». Sa famille a **une propriété** à la campagne. *Julie says "This is mine" when she means "This is my property".* *Her family owns property in the country.*
2261 to prop	2262 propeller	2263 properly dressed	2264 property

manifester, protester

2265 to **protest**

Je suis un chat **fier**.

2266 I am a **proud** cat.

Je peux le **prouver**!

2267 to **prove**

---

le proverbe

Voici **un proverbe** :
«Pierre qui roule n'amasse pas mousse.»

*Here is a proverb:
''A rolling stone gathers no moss.''*

2268 **proverb**

---

fournir des chaises

2269 to **provide** chairs

Un pruneau est une prune séchée.

2270 **prune**

---

tailler, élaguer

2271 to **prune**

---

le téléphone **public**

2272 **public** telephone/phone box*

---

le pouding

2273 **pudding**/afters*

---

la flaque d'eau

2274 **puddle**

---

lancer des bouffées

2275 to **puff**

---

le macareux

2276 **puffin**

---

tirer

2277 to **pull**

---

la poulie

2278 **pulley**

---

le pull-over, le chandail

2279 **pullover**/sweater*

Le médecin lui prend **le pouls**.

2280 **pulse**

---

la pompe

2281 **pump**

Elle **pompe** de toutes ses forces.

2282 to **pump**

---

le potiron, la citrouille

2283 **pumpkin**

---

donner un coup de poing

2284 to **punch**

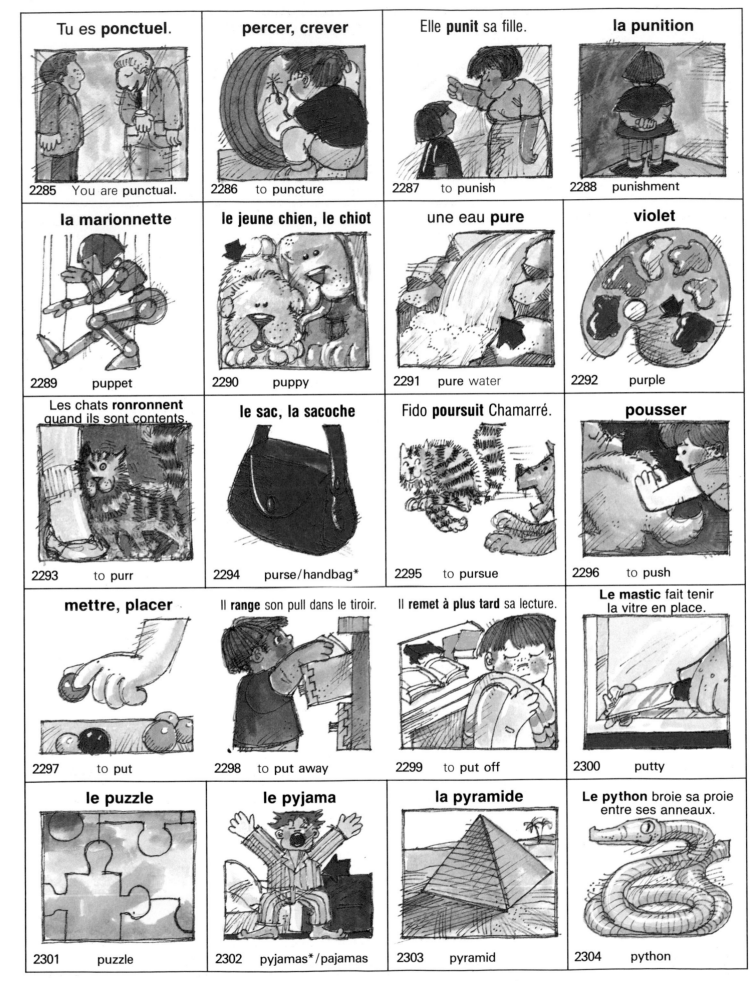

Tu es ponctuel.	**percer, crever**	Elle **punit** sa fille.	**la punition**
2285 You are punctual.	2286 to puncture	2287 to punish	2288 punishment
la marionnette	**le jeune chien, le chiot**	une eau **pure**	**violet**
2289 puppet	2290 puppy	2291 pure water	2292 purple
Les chats **ronronnent** quand ils sont contents.	**le sac, la sacoche**	Fido **poursuit** Chamarré.	**pousser**
2293 to purr	2294 purse/handbag*	2295 to pursue	2296 to push
mettre, placer	Il **range** son pull dans le tiroir.	Il **remet à plus tard** sa lecture.	**Le mastic** fait tenir la vitre en place.
2297 to put	2298 to put away	2299 to put off	2300 putty
le puzzle	**le pyjama**	**la pyramide**	**Le python** broie sa proie entre ses anneaux.
2301 puzzle	2302 pyjamas*/pajamas	2303 pyramid	2304 python

la caille

2305   quail

une montre de **qualité**

2306   **quality** watch

la quantité

2307   quantity

se disputer, se quereller

2308   to quarrel

Est-ce **une carrière** de pierres ou de sable?

2309   quarry

le quart

1/4

2310   quarter

Le bateau est amarré au **quai**.

2311   quay

la reine

2312   queen

poser **une question**

2313   to ask a question

rapide comme l'éclair

2314   quick

Il s'enfonce dans **les sables mouvants**.

2315   quicksand

Elle est **calme, tranquille**.

2316   She is **quiet**.

Autrefois, on écrivait à **la plume**.

2317   quill

les piquants du porc-épic

2318   porcupine **quill**

la couverture piquée

2319   quilt/eiderdown*

Le coing est un fruit âpre.

2320   quince

un carquois plein de flèches

2321   quiver

trembler, frissonner

2322   to quiver

le contrôle, la colle

Hier, nous avons eu **un contrôle** d'histoire.
Aujourd'hui, nous avons eu **une colle** en classe de géo.

*Yesterday, we had a history quiz.
Today, we had a geography quiz.*

2323   quiz

R

le lapin

2324   rabbit

le raton laveur

2325   raccoon

Le lièvre et la tortue **font la course.**

2326   to race

le porte-manteau

2327   rack/hat-stand*

le tapage, le vacarme

2328   racket

Le radiateur chauffe la pièce.

2329   radiator

la radio

2330   radio

le radis

2331   radish

le rayon du cercle

2332   radius

Le radeau descend au fil de l'eau.

2333   raft

Une attaque a lieu.

2334   a raid in progress

Tiens bien **la rampe!**

2335   handrail/banister*

la voie ferrée

2336   railroad track/railway track*

Il **pleut** des cordes!

2337   to rain

Après la pluie, vient **l'arc-en-ciel.**

2338   rainbow

un imperméable

2339   raincoat

lever, soulever

Tous ceux qui veulent du chocolat, **levez** la main! Elle **a soulevé** une question intéressante.

Everyone who wants chocolate, raise your hand! She has raised an interesting question.

2340   to raise

les raisins secs

2341   raisin

le rateau

2342   rake

frapper à la porte
2343   to rap/knock*

rapide
2344   rapid

rare
2345   rare

une éruption de boutons
2346   rash

Les framboises sont des baies.
2347   raspberry

le rat
2348   rat

le hochet de bébé
2349   rattle

le serpent à sonnettes
2350   rattlesnake

Le corbeau a le plumage noir.
2351   raven

Elle semble **affamée**!
2352   ravenous

le ravin
2353   ravine

un œuf **cru**
2354   a raw egg

le rayon de soleil
2355   ray of sunlight

Le rasoir est très coupant.
2356   razor

atteindre
2357   to reach

lire
2358   to read

À vos marques... **prêts**... partez!
2359   ready

Est-ce que c'est un **vrai** diamant?
2360   real

comprendre, s'apercevoir, se rendre compte
2361   to realize/realise*

Es-tu **vraiment** là?
2362   Are you **really** here?

le derrière

2363   rear

le rétroviseur

2364   rearview mirror

raisonner

2365   to reason

raisonnable

C'est un prix **raisonnable**.
Julie, sois **raisonnable**
s'il te plaît.

This is a reasonable price.
Julie, please be reasonable.

2366   reasonable

se rebeller, se révolter

Les gens **se rebellent**
contre les impôts excessifs.
Spartacus **s'est révolté**
contre Rome.

People do rebel against
taxes which are too high.
Spartacus rebelled against
Rome.

2367   to rebel

Je ne **me souviens** pas.

2368   I do not recall.

Patricia vient de **recevoir**
un cadeau.

2369   to receive

récemment éclos

2370   recently hatched

la recette

2371   recipe

Elle **récite** un poème.

2372   to recite

un disque, un enregistrement   **le tourne-disque**

2373   record   2374   record player

guérir, récupérer

Julie a les oreillons mais
elle **guérira**.
J'ai **récupéré** tous les livres
qui étaient dehors.

Julie has measles but she
will recover.
I recovered all the books
that were left outside.

2375   to recover

le rectangle

2376   rectangle

rouge

2377   red

le roseau

2378   reed

le récif de corail

2379   reef

Comme ça **sent mauvais!**

2380   to reek

Le fil est enroulé sur **le**
moulinet.

2381   reel

un arbitre

2382   referee

le reflet

2383 reflection

Ne laisse pas **le réfrigérateur** ouvert!

2384 refrigerator

refuser

2385 to refuse

la région

2386 region

s'inscrire

2387 to register

regretter

2388 to regret

Les acteurs **répètent** une pièce.

2389 Actors **rehearse** a play.

le renne

2390 reindeer

les rênes du cheval

2391 reins

la parenté

2392 relatives

se reposer, se relaxer

2393 to relax

relâcher, libérer

2394 to release

Souviens-toi de te brosser les dents!

2395 Remember to brush your teeth.

une île **éloignée**

2396 remote island

Philippe **enlève** son chapeau.

2397 to remove

louer

Nous louons une maison.
Si tu n'as pas de voiture,
tu peux en **louer** une.

We rent a house.
If you do not have a car,
you can rent one.

2398 to rent

Blandine **répare** son vélo.

2399 to repair

Le perroquet **répète** tout.

2400 to repeat

Suzon **remplace** l'ampoule.

2401 to replace

Thierry pose une question et Solange **répond**.

2402 to reply

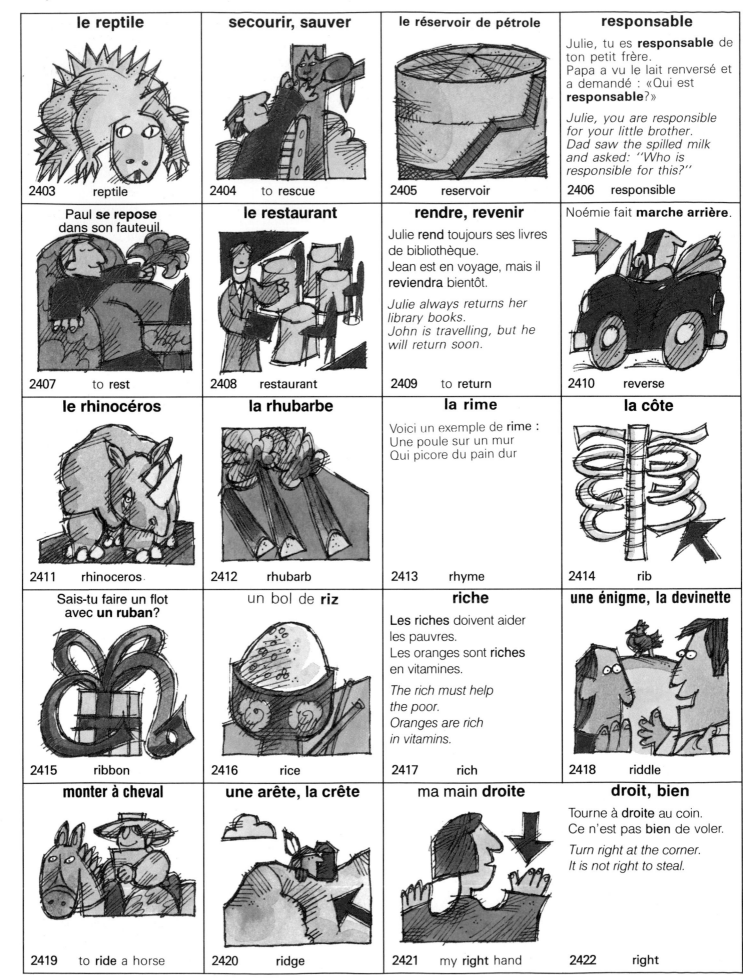

le reptile

2403   reptile

secourir, sauver

2404   to rescue

le réservoir de pétrole

2405   reservoir

responsable

Julie, tu es **responsable** de ton petit frère.
Papa a vu le lait renversé et a demandé : «Qui est **responsable**?»

Julie, you are responsible for your little brother.
Dad saw the spilled milk and asked: ''Who is responsible for this?''

2406   responsible

Paul se repose dans son fauteuil.

2407   to rest

le restaurant

2408   restaurant

rendre, revenir

Julie **rend** toujours ses livres de bibliothèque.
Jean est en voyage, mais il **reviendra** bientôt.

Julie always returns her library books.
John is travelling, but he will return soon.

2409   to return

Noémie fait **marche arrière**.

2410   reverse

---

le rhinocéros

2411   rhinoceros

la rhubarbe

2412   rhubarb

la rime

Voici un exemple de **rime** :
Une poule sur un mur
Qui picore du pain dur

2413   rhyme

la côte

2414   rib

Sais-tu faire un flot avec **un ruban**?

2415   ribbon

un bol de **riz**

2416   rice

riche

Les **riches** doivent aider les pauvres.
Les oranges sont **riches** en vitamines.

The rich must help the poor.
Oranges are rich in vitamins.

2417   rich

une énigme, la devinette

2418   riddle

---

monter à cheval

2419   to ride a horse

une arête, la crête

2420   ridge

ma main **droite**

2421   my right hand

droit, bien

Tourne à **droite** au coin.
Ce n'est pas **bien** de voler.

Turn right at the corner.
It is not right to steal.

2422   right

droitier

2423   right-handed

la couenne

2424   rind

la bague

2425   ring

L'oncle Pierre **sonne** à la porte.

2426   to ring

la patinoire

2427   rink

Papa **rince** la vaisselle.

2428   to rinse

une émeute

2429   riot

Il **a déchiré** son pantalon.

2430   to rip

La pomme est **mûre**.

2431   ripe

l'ondulation, **la ride**

2432   ripple

Le soleil **se lève**.

2433   The sun **rises**.

le risque

Le météorologiste a dit qu'il y avait **un risque** de gelée. Sois prudent! Ne prends pas de **risques**!

The weatherman said there was a risk of frost. Be careful! Do not take any risks!

2434   risk

des rivaux

2435   rivals

La rivière serpente.

2436   river

La route sinue.

2437   road

Le lion rugit.

2438   to roar

Le rôti sort du four.

2439   roast

le voleur

2440   robber

le rouge-gorge

2441   robin

le rocher

2442   rock

balancer, **bercer**	**la fusée**	**le fauteuil à bascule**	**la canne à pêche**
2443 to rock	2444 rocket	2445 rocking chair	2446 rod
le rouleau de papier	**rouler**	**le patin à roulettes**	**le rouleau à pâtisserie**
2447 roll	2448 to roll	2449 roller skate	2450 rolling pin
Le toit est fait de tuiles.	**la chambre, la pièce**	Le coq **se perche** pour la nuit.	**la racine**
2451 roof	2452 room	2453 to roost	2454 root
la corde	**La rose** a des épines.	**le romarin**	Mélanie a les joues **roses**.
2455 rope	2456 rose	2457 rosemary	2458 rosy
La pomme est **pourrie**.	**râpeux, rugueux**	Le bouton est **rond**.	**une rangée** de 4 boutons
2459 rotten apple	2460 rough	2461 round	2462 4 buttons in a **row**

Elle **rame** plus vite que Luc.

2463   to **row**

---

un habit **royal**

2464   **royal**

Le pneu et la balle sont en **caoutchouc**.

2465   **rubber**

---

les déchets, les détritus

2466   **rubbish**

Le rubis est une pierre rouge.

2467   **ruby**

---

le gouvernail

2468   **rudder**

Il est **malpoli**.

2469   He is **rude**.

---

le terrain **accidenté**

2470   **rugged** terrain

---

les ruines d'un ancien château

2471   **ruin**

---

la règle, le règne

Maman et Papa décident **des règles** de conduite à la maison. Certains pays sont sous **le règne** d'un roi.

Mother and Father make the rules in this house.
Some countries are under the rule of a king.

2472   **rule**

Le souverain règne.

2473   **ruler**

J'entends **un grondement**.

2474   I hear a **rumble**.

---

courir

2475   to **run**

---

se sauver

2476   to **run away**

écraser

2477   to **run over**

---

s'épuiser, arriver au bout de ses forces

2478   to **run out** of energy

Elle se **précipite** pour attraper l'autobus.

2479   to **rush**

Le robot est couvert de **rouille**.

2480   **rust**

---

une ornière

2481   **rut**

Le seigle pousse dans les champs.

2482   **rye**

le sac de farine

2483 sack

La vérité est un principe **sacré**.

2484 Truth is a **sacred** principle.

triste

2485 sad

la selle

2486 saddle

Qu'est-ce qu'il y a dans **le coffre-fort**?

2487 safe

Le vent gonfle **la voile**.

2488 sail

la planche à voile

2489 sailboard

Le voilier vogue sur l'eau.

2490 sailboat/sailing boat*

le marin

2491 sailor

la salade

2492 salad

les soldes

2493 sale

le saumon

2494 salmon

le sel et le poivre

2495 salt

saluer

2496 to salute

pareil, identique

2497 same

le sable

2498 sand

la sandale

2499 sandal

Julie s'est préparé **un sandwich**.

2500 sandwich

la sève de l'érable

2501 sap

la sardine	**Le satellite** tourne autour de la terre.	une robe de **satin**	**samedi**
2502 sardine	2503 satellite	2504 satin dress	**Le samedi**, Julie ne va pas à l'école et peut jouer. *Julie can play on Saturday because she does not go to school.* 2505 Saturday
la sauce	**la saucisse**	J'**économise** mon argent.	**La scie** a des dents.
2506 sauce/gravy*	2507 sausage	2508 I save my money.	2509 saw
la sciure	Je **dis** ce que je pense.	L'artiste est allongé sur son **échafaudage**.	**scier** du bois
2511 sawdust	2512 I say what I think.	2513 scaffolding	2510 to saw
échauder, ébouillanter	**La balance** a deux plateaux.	**la pétoncle, la coquille Saint-Jacques**	**le cuir chevelu**
2514 to scald	2515 scale	2516 scallop	2517 scalp
l'homme à **la cicatrice**	Elle trouve un malin plaisir à l'**effrayer**.	**Un épouvantail** sert à effrayer les oiseaux.	**une écharpe** bien chaude
2518 scar	2519 to scare	2520 scarecrow	2521 scarf

écarlate

2522   scarlet

la scène d'un crime

2523   scene of a crime

le paysage

2524   scenery

l'érudition, la bourse d'études

2525   scholarship

une école de village

2526   school

la goélette

2527   schooner

les ciseaux

2528   scissors

écoper, ramasser

2529   to scoop

le scooter

2530   scooter

Le papier est **roussi** par la flamme.

2531   scorched paper

marquer un but

2532   to score

le scout

2533   scout

des bouts de papier

2534   scraps of paper

une **éraflure**, une **égratignure**

2535   scrape

le grattoir, la gratte

2536   scraper

la griffure

2537   scratch

la moustiquaire

2538   screen

la vis

2539   screw

le tournevis

2540   screwdriver

frotter, récurer

2541   to scrub

Le sculpteur taille la pierre.
2542   sculptor

un hippocampe
2543   seahorse

la mer Adriatique
2544   Adriatic sea

la mouette, le goéland
2545   seagull

le phoque
2546   seal

la couture
2547   seam

Que **cherche**-t-il dans l'herbe?
2548   to search

le projecteur
2549   searchlight

les saisons
Les quatre **saisons** de l'année sont le printemps, l'été, l'automne et l'hiver.
The four seasons are spring, summer, autumn and winter.
2550   seasons

le siège
2551   seat

Julie a mis sa **ceinture** de sécurité.
2552   seatbelt

une algue
2553   seaweed

le second
2554   second

J'ai **un secret**.
2555   I have a **secret**.

voir
2556   to **see**

la bascule, la balance
2557   see-saw

De **la graine** naît la plante.
2558   seed

Il **semble** mort mais il ne l'est peut-être pas.
2559   It **seems** to be dead.

saisir
2560   to **seize**

Tu es **égoïste**, Marcel!
2561   You are **selfish**.

Marie **vend** des fruits.
2562   to sell

le demi-cercle
2563   semicircle

envoyer, expédier
2564   to send

une peau **sensible**
2565   sensitive skin

la phrase, la peine
Est-ce que tu sais faire **une phrase**?
Le voleur a été condamné à **une peine** de prison.

Can you make a sentence?
The robber received a prison sentence.

2566   sentence

la sentinelle
2567   sentry

Septembre est le neuvième mois de l'année.
2568   September

servir un repas
2569   to serve

sept
2570   seven

le septième
2571   seventh

plusieurs
2572   several

Elle **coud** avec du fil et une aiguille.
2573   to sew

la machine à coudre
2574   sewing machine

usé, élimé
2575   shabby

la cabane
2576   shack

une ombre
2577   shadow

un chien **à longs poils**
2578   shaggy

secouer
2579   to shake

une eau **peu profonde**
2580   shallow water

Maman se lave les cheveux avec du **shampooing**.
2581   shampoo

Nous pouvons **partager**.	Crois-tu que **le requin** apprend à voler?	**tranchant, aiguisé**	**Un affiloir** sert à aiguiser.
2582 to share	2583 shark	2584 sharp	2585 knife sharpener
fracasser, briser en éclats	**se raser**	**les cisailles**	**une affûteuse** à patins
2588 to shatter	2589 to shave	2590 shears	2586 skate sharpener
le fourreau	Julie compte **des moutons** pour s'endormir	**le drap** du lit	**le taille-crayons**
2591 sheath	2592 sheep	2593 sheet	2587 pencil sharpener
une étagère	**la coquille, le coquillage**	L'insecte a trouvé **un abri**.	**Le berger** garde les moutons.
2594 shelf	2595 shell	2596 shelter	2597 shepherd
Le bouclier protège le guerrier.	**le devant de la jambe**	Le soleil **brille** de tous ses rayons.	**le bardeau**
2598 shield	2599 shin	2600 to shine	2601 shingle

Le zona est une maladie.

2602   shingles

Les diamants de la couronne sont **brillants**.

2603   shiny

le bateau, le navire

2604   ship

Robinson a fait **naufrage**.

2605   shipwreck

la chemise

2606   shirt

frissonner, grelotter

2607   to shiver

le choc

2608   shock

les chaussures, les souliers

2609   shoes

Est-ce que tu sais nouer tes **lacets**?

2610   shoelace

le cordonnier

2611   shoemaker

tirer

2612   to shoot

le magasin, la boutique

2613   shop

le marchand, le commerçant

2614   shopkeeper

la vitrine

2615   shop window

le rivage

2616   shore

petit, court

2617   short

un short

2618   shorts

une épaule

2619   shoulder

crier

2620   to shout

Il ne faut pas **pousser** les gens.

2621   to shove

la pelle pour enlever la neige	**montrer**	**parader, se pavaner**	Il a fini par **se montrer**.
2622 shovel	2623 to show	2624 to show off	2625 to show up/appear*
Julien prend **une douche**.	**pousser des cris aigus**	**la crevette**	Comme sa chemise **a rétréci**!
2626 shower	2627 to shriek	2628 shrimp	2629 to shrink
un arbuste	**battre, mélanger** les cartes	La nuit, on ferme **les volets**.	**timide**
2630 shrub	2631 shuffle	2632 shutters	2633 shy
malade	**le côté sans fenêtres**	Julie marche toujours sur **le trottoir**.	**soupirer** de fatigue, de tristesse
2634 sick	2635 side	2636 sidewalk/pavement*	2637 to sigh
la pancarte	**signaler**	**la signature**	**silencieux**
2638 sign	2639 to signal	2640 signature	

silencieux

Julie n'est pas souvent **silencieuse**.
Une nuit **silencieuse** est une nuit tranquille.

*Julie is not silent very often.
A silent night is
a quiet night.*

2641   silent

le rebord de la fenêtre

2642 sill

---

idiot, stupide

Sébastien pense que Julie est complètement **idiote**. Julie pense que Sébastien fait des choses **stupides**.

Sébastien thinks Julie is silly.
Julie thinks Sébastien does silly things.

2643 silly

L'argent est un métal précieux.

2644 silver

---

simple

C'est la vérité pure et **simple**.
Il y a une solution très **simple**.

That is the truth, pure and simple.
There is a very simple solution.

2645 simple

---

chanter

2646 to sing

---

singulier

«Un» est **singulier**.
«Plusieurs» est pluriel.

''One'' is singular.
''Several'' is plural.

2647 singular

---

un évier de cuisine

2648 sink

Au secours! Le bateau **coule**.

2649 to sink

---

siroter, boire à petites gorgées

2650 to sip

---

la sirène

2651 siren

Paule est **la sœur** de Laurent.

2652 sister

être assis

2653 to sit

---

six

2654 six

---

le sixième

2655 sixth

Est-ce que c'est ma **taille**?

2656 size

---

patiner

2657 to skate

---

la planche à roulettes

2658 skateboard

Un squelette dans le placard?!

2659 skeleton

L'artiste **dessine**.

2660 to sketch

---

les skis

2661 skis

skier

2662　　to ski

Horace a presque **dérapé**.

2663　　to skid

la peau

2664　　skin

sauter à la corde

2665　　to skip

Le capitaine tient le gouvernail.

2666　　skipper/captain*

la jupe

2667　　skirt

le crâne

2668　　skull

Le ciel est nuageux.

2669　　sky

une alouette

2670　　skylark

le gratte-ciel

2671　　skyscraper

Barnabé **a claqué** la porte.

2672　　to slam

un plancher **incliné**

2673　　slanting floor

donner une claque, gifler

2674　　to slap

taillader, sabrer

2675　　to slash

une ardoise

2676　　slate

La luge dévale la pente.

2677　　sled/sleigh*

Zorro **dort** avec son sabre.

2678　　to sleep

le sac de couchage, le duvet

2679　　sleeping bag

Paul se sent tout **somnolent**.

2680　　sleepy

la neige fondante

2681　　sleet

la manche

2682   sleeve

le toboggan

2683   slide

L'une est **mince**, l'autre est grosse.

2684   slim

Le ver a un corps **visqueux**.

2685   slimy

Il a le bras en **écharpe**.

2686   sling

la fronde, le lance-pierre

2687   slingshot/catapult*

glisser

2688   to slip

la pantoufle

2689   slipper

glissant

2690   slippery

Comme il est **malpropre**!

2691   slob

La pente de la montagne est rude.

2692   slope

la fente

2693   slot

Il ne faut pas **se tenir voûté**.

2694   to slouch

ralentir

Ralentis Papa! Tu roules trop vite!
La voiture **ralentit** au coin de la rue.

Slow down, Dad! You are going too fast.
The car slows down at the corner.

2695   to slow down

la neige à demi-fondue

2696   slush

L'un est **petit**, l'autre est grand.

2697   small

intelligent, **élégant**

Julie a fait quelque chose de très **intelligent**.
Elle porte une robe très **élégante**.

Julie did a very smart thing. because she passed her exam.
She is wearing a very smart dress.

2698   smart/clever*

écraser, démolir

2699   to smash

barbouiller, salir

2700   to smear

Comme cette fleur **sent** bon!

2701   to smell

La mouffette a une odeur **nauséabonde**!

2702   smelly

fumer

2703   to smoke

lisse, en douceur

La glace sur laquelle Julie patine est bien **lisse**.
Un bon pilote sait atterrir **en douceur**.

*The ice Julie is skating on is very smooth.
A good pilot makes smooth landings.*

2704   smooth

Noémie aime **goûter** entre les repas.

2705   to have a snack

un escargot

2706   snail

le serpent

2707   snake

se casser avec un bruit sec

2708   to snap

les espadrilles de sport

2709   sneakers/trainers*

La poussière l'a fait **éternuer**.

2710   to sneeze

le masque et **le tube**

2711   snorkel

La neige tombe du ciel.

2712   snow

le flocon de neige

2713   snowflake

les raquettes

2714   snowshoes

Lave-toi les mains avec du **savon**!

2715   soap

le foot-ball

2716   soccer

la chaussette

2717   sock

la prise de courant

2718   socket

le sofa, le canapé

2719   sofa/couch*

Sacha a la fourrure **douce**.

2720   soft

le soldat

2721   soldier

la sole

2722 sole

Elle **résout** un problème.

2723 She **solves** the problem.

faire la culbute

2724 to **somersault**

le père et **le fils**

2725 son

le chant, la chanson

2726 song

bientôt

Il fera **bientôt** nuit.
Julie sera **bientôt** de retour
à la maison.

Soon it will be dark.
Julie will be home soon.

2727 soon

Le sorcier jette un
mauvais sort.

2728 sorcerer

Mon bras est **douloureux**.

2729 My arm is **sore**.

L'oseille a un goût acide.

2730 sorrel

Milou est absolument **navré**.

2731 sorry

Il **trie** les bons des mauvais.

2732 to **sort**

la soupe

2733 soup

Le citron est **acide**.

2734 sour

le sud

2735 south

La truie est la mère
des porcelets.

2736 sow

semer

2737 to **sow**

le vaisseau spatial

2738 spaceship

La bêche sert à jardiner.

2739 spade

donner la fessée

2740 to **spank**

la roue de secours

2741 spare tire/tyre*

une étincelle	Ses bagues **étincellent** au soleil.	**le moineau**	Quelle langue **parlent**-ils?
2742 spark	2743 to sparkle	2744 sparrow	2745 to speak
la lance	La tortue a du mal à **accélérer**.	Alice va **épeler** son prénom.	**dépenser** de l'argent
2746 spear	2747 to speed up	2748 to spell	2749 to spend
la sphère	**épicé**	**Une araignée** tisse sa toile.	**le piquant**
2750 sphere	2751 spicy	2752 spider	2753 spike
renverser, répandre	La toupie **tourne**.	**les épinards**	**la colonne vertébrale**
2754 to spill	2755 to spin	2756 spinach	2757 spine
la spirale	**la flèche** de l'église	Ce n'est pas poli de **cracher**!	**éclabousser**
2758 spiral	2759 spire	2760 to spit	2761 to splash

un éclat de bois

2762   splinter

Les fruits sont **gâtés**.

2763   spoiled/rotten* fruit

une éponge

2764   sponge

la bobine de fil

2765   spool/reel*

la cuillère

2766   spoon

D'où vient cette vilaine **tache?**

2767   spot

le bec de la théière

2768   spout

se faire une entorse

2769   to sprain

vaporiser

2770   to spray

étaler

2771   to spread

le ressort

2772   spring

Le printemps est enfin arrivé!

2773   spring

saupoudrer

2775   to sprinkle

sprinter, faire une course de vitesse

2776   to sprint

le sapin, une épinette

2777   spruce

La source coule vite.

2774   spring

le carré

2778   square

la courge, la gourde

2779   squash

s'accroupir

2780   to squat

Julie **serre** son ami dans ses bras.

2781   to squeeze

le calmar	**un écureuil**	**faire gicler**	**une écurie** à chevaux
2782 squid	2783 squirrel	2784 to squirt	2785 stable
la scène du théâtre	**la tache**	Où mène **l'escalier?**	**un piquet** en bois
2786 stage	2787 stain	2788 staircase	2789 wooden stake

rassis

Je n'aime pas le pain
rassis, je préfère
le pain frais.

*I do not like stale bread,
I prefer fresh bread.*

2790 stale bread	**la branche** de céleri	**Un étalon** est un cheval mâle.	**le timbre**
	2791 celery stalk	2792 stallion	2793 stamp
être debout, se tenir debout	**une étoile**	Julie **regarde fixement** devant elle.	**un étourneau**
2794 to stand	2795 star	2796 to stare	2797 starling

faire démarrer une voiture	**mourir de faim**	**la station-service**	**la gare**

Quand Julie rentre de l'école,
elle crie: «Je **meurs de faim!**»
Elle est affamée, mais elle
ne va pas vraiment
mourir de faim.

*When Julie comes back from
school, she always shouts:
''I'm starving.''
She is very hungry, but she will
not really starve.*

2798 to start a car	2799 to starve	2800 gas/petrol* station	2801 train/railway* station

la statue

2802   statue

Médor! **Reste** là!

2803   **Stay** there!

un steak, un bifteck

2804   steak

Le cambrioleur **vole**.

2805   to steal

la vapeur

2806   steam

Les couteaux sont en **acier**.

2807   Kinves are made of **steel**.

escarpé, à pic

2808   steep

le bœuf

2809   steer/bullock*

la tige de la rose

2811   stem

la marche

2812   step

Elle **a marché dans** la flaque.

2813   to step in

conduire, diriger

2810   to steer

Papa a préparé **un ragoût**.

2815   stew

la baguette

2816   stick

sortir une minute

2814   to step out

Didier a les mains **collantes**.

2817   sticky

raide, dur

Oncle Jean a la jambe **raide**.
Cette brosse à dents est trop **dure**.

Uncle Jean has a stiff leg.
This toothbrush is too stiff.

2818   stiff

Une abeille l'**a piquée**.

2819   to sting

la piqûre

2820   sting

sentir très mauvais

2821   to stink

Remue avant de goûter!
2822   to stir

les bas
2823   stockings

charger une chaudière
2824   to stoke

un estomac
2825   stomach

le caillou, la pierre
2826   stone

L'araignée descend vers **le tabouret**.
2827   stool

Elle **se baisse** pour ramasser la balle.
2828   to stoop/bend down*

un arrêt, le stop
2829   stop

le magasin
2832   store/shop*

la cigogne
2833   stork

un orage, la tempête
2834   storm

Il **arrête** le train.
2830   He **stops** the train.

Tante Annie lit **une histoire**.
2835   story

la cuisinière
2836   stove/cooker*

droit, rectiligne
2837   straight

L'avion a fait **une escale**.
2831   to stop over

filtrer
2838   to strain

forcer, peiner
2839   to strain

Quel **étrange** animal!
2840   strange

Jo s'est trop approché. Le singe va l'**étrangler**.
2841   to strangle

la bretelle

2842   strap

Est-ce que tu aimes boire avec **une paille**?

2843   straw

la fraise

2844   strawberry

le cours d'eau, la rivière

2845   stream

la banderole, le fanion

2846   streamer/pennant*

La rue est déserte.

2847   street

le réverbère

2848   street light/lamp*

étirer

2849   to stretch

le brancard, la civière

2850   stretcher

la grève

Les ouvriers sont en **grève** parce qu'ils veulent une augmentation.

The workers are on strike for more money.

2851   strike

Il ne faut pas **frapper** les gens.

2852   to strike

La ficelle est enroulée sur la bobine.

2853   string

une serviette à **rayures**

2854   stripe

Il est très **fort**.

2855   strong

un étudiant

2856   student

Il **étudie** sagement.

2857   to study

un animal **rembourré**

2858   a stuffed animal

la souche

2859   stump

Le sous-marin navigue sous l'eau.

2860   submarine

soustraire

2861   to subtract

sucer	**soudain, brusquement**	Ne mange pas trop de **sucre**!	Louis porte **un costume**.

sucer

soudain, brusquement

Il a **soudain** commencé à pleuvoir.
Amélie est **brusquement** partie.

Suddenly, it began to rain.
Amélie left suddenly.

Ne mange pas trop de **sucre**!

Louis porte **un costume**.

| 2862   to suck | 2863   suddenly | 2864   sugar | 2865   suit |

la valise

un été au bord de la mer

le soleil

dimanche

Dimanche est l'un des jours de la semaine.
Tous les **dimanches**, Maman fait un gâteau.

Sunday is one of the days of the week.
Every Sunday, Mother bakes a cake.

| 2866   suitcase | 2867   summer | 2868   sun | 2869   Sunday |

Le cadran solaire indique l'heure.

Le tournesol fait face au soleil.

le lever du soleil

le coucher du soleil

| 2870   sundial | 2871   sunflower | 2872   sunrise | 2873   sunset |

Aude fait les courses au **supermarché**.
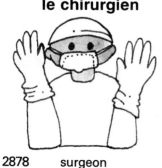

le dîner, le souper

sûr, certain

Je suis **sûr** qu'il fera beau demain.
C'est un moyen **certain** de gagner.

I am sure it will be nice tomorrow.
That is a sure way to win.

la surface

| 2874   supermarket | 2875   supper/dinner* | 2876   sure | 2877   surface |

le chirurgien

le nom de famille

Mon prénom est Julie, mon **nom de famille** est Dubois.

My first name is Julie and my surname is Dubois.

la surprise-partie

Ne tirez pas! Je **me rends**.

| 2878   surgeon | 2879   surname | 2880   surprise party | 2881   to surrender |

entourer, encercler

2882   to surround

Les bretelles retiennent son pantalon.

2883   suspenders/braces*

avaler

2884   to swallow

Le cygne est majestueux.

2885   swan

échanger, troquer

2886   to swap

un essaim d'abeilles en colère

2887   swarm

Il **transpire** à grosses gouttes.

2888   to sweat

le chandail, le tricot

2889   sweater/sweatshirt*

balayer

2890   to sweep

sucré

2891   sweet

Heureusement, l'auto **a fait un écart.**

2892   to swerve

André sait bien **nager.**

2893   to swim

la balançoire

2894   swing

se balancer

2895   to swing

un interrupteur

2896   switch

allumer, éteindre

Allume la lumière, s'il te plaît.
Il vaut mieux **éteindre** la télévision.

Switch on the light, please. It is best to switch off the television.

2897   to switch

s'abattre, fondre sur une proie

2898   to swoop

une épée

2899   sword

le sycomore

2900   sycamore

Le sirop d'érable est bon avec des gaufres!

2901   syrup

La tasse est sur **la table**.

2902   table

La nappe a des carreaux bleus et blancs.

2903   tablecloth

le comprimé

2904   tablet

la pointe, la punaise

2905   tack

s'attaquer à, plaquer

Julie doit **s'attaquer à** ce problème au plus vite.
Alain **a plaqué** Yves au sol durant la partie de rugby.

Julie must tackle that problem as soon as possible.
Alain tackled Yves during the rugby match.

2906   to tackle

Le têtard deviendra grenouille.

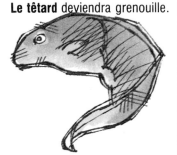

2907   tadpole

Il a **la queue** touffue.

2908   tail

prendre

2910   to take

démonter

2911   to take apart

emporter

2912   to take away

rapporter

2913   to take back

enlever

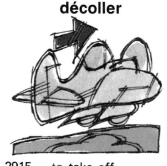

2914   to take off

décoller

2915   to take off

sortir

2916   to take out

le repas à emporter

2917   take-out/take-away*

Le tailleur fait des vêtements.

2909   tailor

le récit, une histoire

2918   tale

le talent

Sylvie a beaucoup de **talent** pour la danse.
Pour bien danser, il faut du **talent** et de l'effort.

Sylvie has a great talent for dancing.
Dance requires both talent and hard work.

2919   talent

parler

2920   to talk

grand, haut	le tambourin	dompté, apprivoisé	Elle a **un** beau **bronzage**.
2921 tall	2922 tambourine	2923 tame	2924 tan
la mandarine	Le fil est tout **emmêlé**!	le réservoir, la citerne	le pétrolier, le navire-citerne
2925 tangerine	2926 tangled	2927 tank	2928 tanker
Le robinet fuit goutte à goutte.	le ruban adhésif	fixer avec du ruban adhésif	**le magnétophone** et la cassette
2929 tap	2930 tape	2931 to tape	2932 tape recorder
le goudron	en plein dans **la cible**	l'estragon	la tarte, la tartelette
2933 tar	2934 target	2935 tarragon	2936 tart
la tâche, le travail	**Goûte** et dis-moi si c'est bon!	succulent, *savoureux* C'était un repas **succulent**. La tarte était **savoureuse**. *This was a tasty meal.* *The tart was very tasty.*	le taxi
2937 task	2938 to taste	2939 tasty	2940 taxi

une tasse de **thé**	Mademoiselle Blanche **enseigne** le calcul.	C'est notre **institutrice**.	**une équipe** inséparable
2941 a cup of tea	2942 to teach	2943 teacher	2944 team
la **théière**	la **larme**	**déchirer**	Il ne faut jamais **arracher** les pages!
2945 teapot	2946 tear	2947 to tear	2948 to tear out
le **télégramme**	le **téléphone**	Margot aime **téléphoner** à ses amis.	**Le téléscope** est braqué vers le ciel.
2949 telegram	2950 telephone	2951 to telephone	2952 telescope
La télévision, c'est la télé ou la TV.	Elle lui **dit** ce qu'elle pense.	le **caractère** Christophe a mauvais **caractère**. Il n'arrive pas à rester calme. *Christophe has a bad temper. He cannot control his temper.*	Le thermomètre marque **la température**.
2953 television	2954 to tell	2955 temper	2956 temperature
dix pommes	la raquette et la balle de **tennis**	la chaussure de **tennis**	Julie a dormi sous **la tente**.
2957 ten apples	2958 **tennis** racquet and ball	2959 **tennis** shoe	2960 tent

le dixième escargot

2961   tenth

le terminal de l'ordinateur

2962   terminal

essayer l'eau

2963   to **test** the water

Elle le **remercie** de tout cœur.

2964   to **thank**

dégeler

2965   to **thaw**

le théâtre

2966   theater/theatre*

La balle est **là**!

2967   there

Le thermomètre
est gradué.

2968   thermometer

Cet arbre a un tronc **épais**.

2969   thick

Le voleur porte un masque.

2970   thief

la cuisse

2971   thigh

le dé à coudre

2972   thimble

Le tronc de cet arbre
est **mince**.

2973   thin

la chose

Une personne, ce n'est pas
une chose.
Julie dit beaucoup de
choses amusantes.

*A person is not a thing.
Julie says many funny
things.*

2974   thing

penser

2975   to **think**

le troisième escargot

2976   third

Il **a soif**, il est **assoiffé**.

2977   thirsty

Attention! **Le chardon**
est piquant.

2978   thistle

une épine

2979   thorn

le fil

2980   thread

Est-ce que tu sais **enfiler** une aiguille?

2981   to thread

trois pommes

2982   three

le seuil de la porte

2983   threshold

la gorge

2984   throat

le trône de la reine

2985   throne

jeter

2986   to throw

Il a le mal de mer et il **vomit**.

2987   to throw up/be sick*

le pouce

2988   thumb

un coup de **tonnerre** assourdissant

2989   thunder

un orage

2990   thunderstorm

jeudi

Jeudi est le jour de la semaine qui vient après mercredi.
Julie va à sa leçon de natation **le jeudi**.

Thursday is the day after Wednesday.
Julie goes to swimming class on Thursday.

2991   Thursday

Maman épice le rôti avec du **thym**.

2992   thyme

le billet de métro

2993   ticket

chatouiller

2994   to tickle

propre, soigneux

2995   tidy

Papa a noué sa **cravate**.

2996   tie

Le tigre va à la chasse.

2998   tiger

Comme elle **serre** sa ceinture!

2999   to tighten

le carrelage

3000   tiles

attacher, nouer

2997   to tie

Le bateau penche dangereusement.

3001   to tilt

Quelle heure est-il?

3002   What time is it?

minuscule

3003   tiny

Le bateau a chaviré.

3004   to tip

marcher sur la pointe des pieds

3006   tiptoe

Est-ce que **le pneu** est assez gonflé?

3007   tire/tyre*

fatigué, las

3008   tired

donner un pourboire

3005   to tip

Le crapaud vit près de la mare.

3009   toad

le toast, le pain grillé

3010   toast

le grille-pain

3011   toaster

aujourd'hui

L'école commence **aujourd'hui**.
Aujourd'hui, Julie se lève tôt pour préparer son petit déjeuner.

*School starts today.
Today Julie gets up early to make her breakfast.*

3012   today

les orteils

3013   toes

Nous sommes assis **ensemble**.

3014   We are sitting **together**.

les toilettes

3015   toilet

la tomate

3016   tomato

la tombe

3017   tomb

demain

Demain suit aujourd'hui.
Demain, Julie va voir les dinosaures au musée.

*Today is followed by tomorrow.
Tomorrow, Julie is going to see the dinosaurs at the museum.*

3018   tomorrow

les pinces

3019   tongs

Voyons! Ne tire pas **la langue!**

3020   tongue

Il pèse une tonne.

3021   It weighs a ton.

les amygdales

3022   tonsils

les outils du bricoleur

3023   tools

Elle a de belles **dents**.

3024   tooth

le mal de dents

3025   toothache

la brosse à dents

3026   toothbrush

le dentifrice

3027   toothpaste

le sommet, le haut

3028   top

tomber, dégringoler

3030   to topple

le flambeau olympique

3031   torch

La tornade balaie tout sur son passage.

3032   tornado

La toupie tourne sur elle-même.

3029   top

le torrent

3033   torrent

La tortue a une carapace.

3034   tortoise

lancer, jeter

3035   to toss

toucher

3036   to touch

Je suis **dur**.

3037   I am tough.

Le camion **remorque** l'auto.

3038   to tow

Julie s'essuie avec **la serviette**.

3039   towel

la tour la plus haute au monde

3040   tower

la ville

3041   town

Ramasse tes **jouets** s'il te plaît!

3042   toys

tracer

3043   to trace

Le train suit **la voie** ferrée.

3044   track

le tracteur

3045   tractor

échanger, faire des affaires

3046   to trade

La circulation est dense.

3047   traffic

les feux de circulation

3048   traffic light

Il est sur **la** bonne **piste**.

3049   trail

Qu'est-ce qu'il y a dans **la remorque**?

3050   trailer

le train

3051   train

Elle **dresse** son chien.

3052   to train

le vagabond

3053   tramp

Il ne faut pas **piétiner** les fleurs!

3054   to trample

le tremplin

3055   trampoline

Le verre que tient la maman de Julie est **transparent**.

3056   transparent

transporter

3057   to transport

le camion-plateau, le fardier

3058   transporter/lorry*

La souris se méfie du **piège**.

3059   trap

le trapèze

3060   trapeze

Tante Annie **voyage** en train.

3061   to travel

Ne renverse pas
le plateau!

3062   tray

la bande de roulement
du pneu

3063   tread

le trésor

3064   treasure

un arbre

3065   tree

Judith **tremble** de peur.

3066   to tremble

la tranchée

3067   trench

le procès

3068   trial

Le triangle a trois côtés.

3069   triangle

le tour, le truc

3070   trick

couler goutte à goutte

3071   to trickle

Le tricycle a trois roues.

3072   tricycle

la détente, la gachette
du pistolet

3073   trigger

Le coiffeur lui **égalise**
les cheveux.

3074   to trim

un voyage court

3075   a short **trip**

trébucher

3076   to trip

le trolleybus

3077   trolley bus

Le poulain aime **trotter**
et galoper.

3078   to trot

une auge à cochons

3079   trough

le pantalon

3080   trousers

la truite

3081   trout

la truelle du maçon

3082   trowel

le camion

3083   truck/lorry*

vrai, véritable

Est-ce que c'est **vrai** que Julie a traversé l'océan à la nage? C'est un **véritable** ami.

Is it true that Julie swam across the ocean?
He is a true friend.

3084   true

Est-ce que tu sais jouer de la trompette?

3085   trumpet

la malle, le coffre

3086   trunk

le tronc

3087   trunk

la trompe
de Jumbo l'éléphant

3088   trunk

Ils se font confiance.

3089   to trust

Diane, dis-moi la vérité!

3090   truth

essayer

Essaie de te souvenir où tu ranges tes affaires! **Essaie** une fois de plus!

Try to remember where you put your things!
You must try again.

3091   to try

la baignoire

3092   tub

le tube

3093   tube

mardi

Mardi est le jour de la semaine qui suit le lundi. **Le mardi**, Julie a une leçon de piano.

Tuesday is the day after Monday.
On Tuesdays, Julie has a piano lesson.

3094   Tuesday

Chacun tire de son côté.

3095   to tug

la tulipe

3096   tulip

culbuter, tomber

3097   to tumble

Comme il fait noir dans le tunnel!

3098   tunnel

la dinde

3099   turkey

tourner

3100   to turn

éteindre	**allumer**	**devenir, tourner**	**tourner, retourner**
		Quelle jolie petite fille elle **est devenue.** Les choses **ont** bien **tourné.** *What a pretty girl she turned out to be! Things turned out well.*	
3101 to turn off	3102 to turn on	3103 to turn out	3104 to turn over
le navet	**le tourne-disque**	**turquoise**	Le guetteur est dans **la tourelle.**
3105 turnip	3106 turntable	3107 turquoise	3108 turret
la tortue	**Les défenses** de l'éléphant sont en ivoire.	**la pince à épiler**	**deux fois**
			Julie est allée au zoo **deux fois.** Caroline a **deux fois** plus de livres que moi. *Julie has been to the zoo twice. Caroline has twice as many books as I.*
3109 turtle	3110 tusk	3111 tweezers	3112 twice
la brindille	**Les jumeaux** sont identiques.	Les étoiles **scintillent.**	**tourner, tournoyer**
3113 twig	3114 twins	3115 Stars twinkle.	3116 to twirl
tordre, tortiller	**deux**	**écrire à la machine, dactylographier**	**la machine à écrire**
3117 to twist	3118 two	3119 to type	3120 typewriter

Elle est **laide** mais si gentille.

3121   ugly

le parapluie

3122   umbrella

un oncle

Mon **oncle** est le frère de ma mère.
Mon autre **oncle** est le frère de mon père.

My uncle is my mother's brother.
My other uncle is my father's brother.

3123   uncle

sous, moins de

Julie se cache **sous** les couvertures.
Les enfants de **moins de** 5 ans ne peuvent pas y aller.

Julie is hiding under the covers.
Children under 5 cannot go.

3124   under

comprendre

3125   to understand

les sous-vêtements

3126   underwear

se déshabiller

3127   to undress

triste, malheureux

3128   unhappy

La licorne n'existe que dans les fables.

3129   unicorn

L'oncle Richard porte **un uniforme**.

3130   uniform

Fabienne est diplômée de **l'université**.

3131   university

Qu'est-ce que le camion **décharge**?

3132   to unload

déverrouiller

3133   to unlock

déballer

3134   to unwrap

debout

3135   upright

à l'envers

3136   upside-down

Maman **utilise** du poivre pour faire la cuisine.

3137   to use

Elle **a tout utilisé** le poivre.

3138   to use up

Ce couteau de poche est très **utile**.

3139   useful

Vivent **les vacances**!

3140   vacation/holiday*

la vapeur

3141   vapor/vapour*

Anatole **vernit** le bois pour le protéger.

3142   to varnish

Julie a fait cadeau d'**un vase** à sa maman.

3143   vase

une côtelette de **veau**

3144   veal

les légumes

3145   vegetable

le véhicule

3146   vehicle

le voile, la voilette

3147   veil

la veine

3148   vein

le venin

Le **venin** est le poison des serpents vénimeux. Certains insectes ont aussi du **venin**.

Venom is the poison of poisonous snakes. Some insects also have venom.

3149   venom

Une ligne droite, de haut en bas, est **verticale**.

3150   vertical

très

Julie pense que son petit frère est **très** malin. La soupe sera prête **très** bientôt.

Julie thinks her little brother is very clever. Very soon the soup will be ready.

3151   very

le gilet

3152   vest/waistcoat*

Le vétérinaire soigne les animaux.

3153   veterinarian/veterinary surgeon*

la victime du crime

3154   victim

le magnétoscope

3155   video recorder

Il ne faut pas jouer avec **une bande vidéo**.

3156   video tape

la vue

Quelle belle **vue** nous avons du sommet de la montagne! Chacun de nous a son point de **vue**.

What a wonderful view from the top of the mountain! We each have our own point of view.

3157   view

le village

3158   village

le bandit, le gredin

3159   villain

Les raisins sont les fruits de **la vigne**.

3160   vine

Du **vinaigre** sur les frites!

3161   vinegar

Grand-mère aime le parfum de **la violette**.

3162   violet

le violon

3163   violin

Il faut **un visa** pour aller à l'étranger.

3164   visa

visible

Il y a beaucoup de nuages ce soir et les étoiles sont à peine **visibles**.
On ne peut pas voir du tout un homme **invisible**.

There are many clouds tonight and the stars are barely visible.
An invisible man cannot be seen.

3165   visible

visiter, rendre visite

3166   to visit

la visière

3167   visor

le vocabulaire

Julie a **un vocabulaire** riche; elle sait beaucoup de mots. Ce dictionnaire t'aidera à enrichir ton **vocabulaire**.

Julie has a good vocabulary; she knows many words. This dictionary will help increase your vocabulary.

3168   vocabulary

la voix

3169   voice

Le volcan crache de la lave.

3170   volcano

le volley-ball

3171   volleyball

volontaire, bénévole

3172   volunteer

Il a mangé quelque chose de mauvais; il **vomit**.

3173   to vomit

voter aux élections

3174   to vote

Un électeur vote.

3175   voter

la voyelle

A, E, I, O, U et Y sont **les** seules **voyelles** de l'alphabet.

A, E, I, O, U and Y are the only vowels in the alphabet.

3176   vowel

le voyage

3177   voyage

le vautour

3178   vulture

marcher dans l'eau, patauger 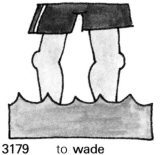 3179 to wade	**la gaufre**  3180 waffle

Le cheval tire **la charrette**.

3181   wagon/cart*

gémir, pleurer

3182   to wail

Lucie a **la taille** fine.

3183   waist

Carole **attend** l'autobus.

3184   to wait

réveiller

3185   to wake

Elle **marche** à grands pas.

3186   to walk

le mur

3187   wall

le portefeuille

3188   wallet

la noix

3189   walnut

le morse

3190   walrus

la baguette magique

3191   wand

se promener sans but, errer

3192   to wander

vouloir

Papa **veut** que Julie l'aide
à faire la vaisselle.
Elle **veut** bien l'**aider**, mais
il n'y a pas d'eau.

*Dad wants Julie to help him
wash the dishes.
She wants to help him but
there is no water.*

3193   to want

Julie a horreur de
la guerre.

3194   war

la garde-robe

3195   wardrobe

Cet **entrepôt** contient
beaucoup de marchandises.

3196   warehouse

un pull-over bien **chaud**

3197   warm

Viens te réchauffer près du feu!

3198   to warm up

avertir

3199   to warn

la garenne, la lapinière

3200   warren

Le guerrier part en guerre.

3201   warrior

la verrue

3202   wart

laver

3203   to wash up

la machine à laver, la laveuse

3204   washing machine

la salle de bains

3205   washroom/toilet*

Julie a été piquée par **une guêpe**.

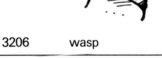

3206   wasp

Il ne faut pas **gaspiller** la nourriture!

3207   to waste

la montre

3208   watch

Il **surveille** les poissons d'un œil attentif.

3209   to watch

l'eau

3210   water

un arrosoir

3211   watering can

Le cresson pousse au bord de l'eau.

3212   watercress

la chute d'eau

3213   waterfall

la pastèque

3214   watermelon

La botte est **imperméable**.

3215   waterproof

le ski nautique

3216   waterskiing

la vague

3217   wave

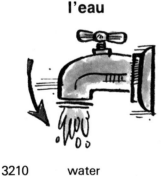

faire signe

3218　to **wave**

Elle a les cheveux **ondulés**.

3219　**wavy**

La cire de la bougie coule.

3220　**wax**

L'un est **faible**, l'autre est fort.

3221　**weak**

une arme dangereuse

3222　**weapon**

Il **porte** des vêtements chauds.

3223　to **wear**

la belette

3224　**weasel**

Quel **temps** fait-il?

3225　**weather**

tisser

3226　to **weave**

un pied **palmé**

3227　**web foot**

le mariage

3228　**wedding**

le coin, le morceau triangulaire

3229　**wedge**

mercredi

Mercredi est le jour de la semaine qui vient après mardi.
Le mercredi, Julie sort les poubelles.

Wednesday is the day after Tuesday.
On Wednesdays, Julie takes out the garbage.

3230　**Wednesday**

Le jardin est envahi par **les mauvaises herbes**.

3231　**weed**

La semaine a sept jours.

3232　**week**

la fin de semaine, le week-end

La fin de semaine est faite du samedi et du dimanche. Tante Lucie nous rendra visite ce **week-end**.

Saturday and Sunday make a weekend.
Aunt Lucie will visit us this weekend.

3233　**weekend**

Il **pleure** parce qu'il est triste.

3234　to **weep**

peser

3235　to **weigh**

Ce dessin est **étrange, bizarre**.

3236　**weird**

Hélène **souhaite la bienvenue** à son ami.

3237　to **welcome**

Ne tombe pas dans le puits!

3238   well

Je me sens bien.

3239   I feel well.

L'ouest est opposé à l'est.

3240   west

humide, mouillé

3241   wet

la baleine

3243   whale

le quai

3244   wharf

quoi, que

Quoi? Que dis-tu?
Que veux-tu pour le petit déjeuner?

What? What did you say?
What do you want for breakfast?

3245   what

mouiller

3242   to wet

Le blé donne de la farine.

3246   wheat

la roue

3247   wheel

la brouette

3248   wheelbarrow

la chaise roulante

3249   wheelchair

quand

Quand tante Émilie viendra-t-elle nous voir?
Quand elle aura ses vacances.

When is Aunt Émilie coming to see us?
When she takes her holidays.

3250   when

où

Nous sommes perdus et maman n'a pas la moindre idée **où** nous sommes.
Je sais **où** c'est, mais je n'arrive pas à le retrouver.

We are lost and Mother has no idea where we are.
I know where it is, but I cannot find it.

3251   where

Il ne sait pas **lequel** choisir.

3252   which one

pleurnicher

3253   to whine

le fouet

3254   whip

un engoulevent

3255   whippoorwill

Le fouet sert à battre les œufs et la crème.

3256   whisk

la moustache du chat

3257   whisker

Qu'est-ce qu'elle lui **chuchote** à l'oreille?

3258   to whisper

le sifflet

3259   whistle

siffler

3260   to whistle

blanc

3261   white

Qui y va?

3262   Who is going?

pourquoi

Je veux savoir **pourquoi** Julie a pris ma cravate. **Pourquoi** ne peut-elle pas s'en souvenir?

I want to know why Julie took my tie. Why can she not remember?

3263   why

La mèche brûle lentement.

3264   wick

mauvais, méchant

3265   wicked

large

3266   wide

Madame Arthaud est **la femme** de Monsieur Arthaud.

3267   wife

Le lion est un animal **sauvage**.

3268   The lion is a **wild** animal.

Le saule a de longues branches.

3269   willow

Les fleurs **se fanent** quand elles manquent d'eau.

3270   to wilt

rusé, astucieux

3271   wily

gagner

3272   to win

grimacer de douleur

3273   to wince

Le vent souffle avec rage.

3274   wind

remonter

3275   to wind

le blouson, le coupe-vent

3276   windbreaker

Le moulin à vent a des ailes.

3277   windmill

la fenêtre

3278   window

le pare-brise

3279   windshield/windscreen*

Le vin est réservé aux adultes.

3280   wine

une aile

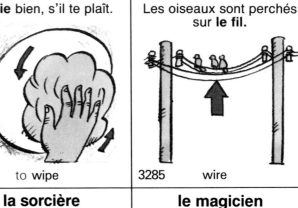

3281   wing

cligner de l'œil

3282   to wink

Est-ce que tu aimes **l'hiver**?

3283   winter

Essuie bien, s'il te plaît.

3284   to wipe

Les oiseaux sont perchés sur **le fil**.

3285   wire

sage, prudent

Grand-père est un vieil homme **sage**.
Julie, crois-tu qu'il est **prudent** de te promener seule en forêt?

Grandfather is a wise old man.
Julie, do you think it is wise to walk in the forest alone?

3286   wise

faire **un vœu**

3287   to make a wish

la sorcière

3288   witch

le magicien

3289   wizard

le loup

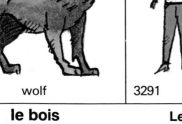

3290   wolf

la femme

3291   woman

se demander

3292   to wonder

un **merveilleux** feu d'artifice

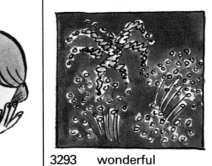

3293   wonderful

le bois

3294   wood

Le pivert pique le tronc de l'arbre.

3295   woodpecker

Ils se promènent dans **les bois**.

3296   woods

le travail du bois

3297   woodwork

Elle tricote avec de **la laine**.
3298   wool

Quel drôle de **mot**!
GLÜRP
3299   word

le travail
3300   work

Elle **travaille** au jardin.
3301   to work

un atelier
3303   workshop

le monde
3304   world

Le ver se tortille.
3305   worm

faire des exercices physiques
3302   to work out

s'inquiéter
3306   to worry

la blessure
3307   wound

emballer, envelopper
3308   to wrap

la guirlande, la couronne de fleurs
3309   wreath

une épave
3310   wreck

le roitelet
3311   wren

Ils **luttent** férocement.
3312   to wrestle

tordre le linge
3313   to wring

le poignet
3314   wrist

la montre-bracelet
3315   wristwatch

écrire
3316   to write

mal, mauvais
C'est **mal** de tricher et de voler.
Je pense que notre autobus va dans le **mauvais** sens.

It is wrong to cheat and to lie.
I think our bus is going the wrong way.
3317   wrong

les rayons X, la radiographie

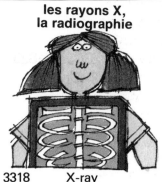

3318   X-ray

le xylophone

3319   xylophone

le yacht

3320   yacht

la cour

3321   yard/garden*

Est-ce qu'il **bâille** d'ennui ou de sommeil?

3322   to **yawn**

un an, une année

3323   year

hurler, crier

3324   to **yell**

jaune

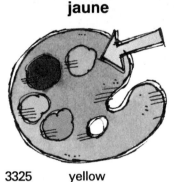

3325   yellow

oui

C'est **oui**, c'est non,
ou c'est peut-être?
Si tu dis **oui**, tu dois
être sûr.

*Is it yes, is it no, or
is it maybe?
If you say yes, you had
better be sure.*

3326   yes

hier

Hier, Julie a été malade
parce qu'elle avait mangé
trop de crème glacée.
Qu'est-ce que tu as fait **hier**?

*Yesterday, Julie was sick from
eating too much ice cream.
What did you do yesterday?*

3327   yesterday

Isabelle doit **céder** le passage.

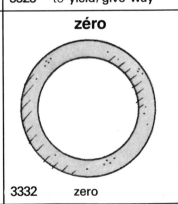

3328   to **yield**/give **way***

le jaune d'œuf

3329   yolk

jeune et vieux

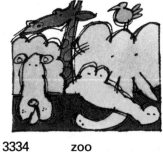

3330   young

le **zèbre** qu'a dessiné Julie

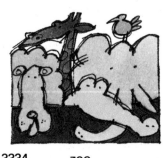

3331   zebra

zéro

3332   zero

la fermeture éclair

3333   zipper/zip*

le zoo

3334   zoo

filer à toute allure

3335   to **zoom**

La **courgette** est le dernier mot de Julie.

3336   zucchini/courgette*

a

à 117
à longs poils 1091
à part 78
à réaction 1485, 1486
abaisser 1699
abandonner 839
abattre (s') 2898
abeille (une) 216
abîmé 724
aboyer 174
abri (un) 2596
abricot (un) 87
absent 4
accélérateur (un) 5
accélérer 2747
accent (un) 6
accident (un) 7
accidenté 2470
accordéon (un) 8
accorder 1184
accrocher 1261
accroupir (s') 2780
accumuler 1341
accuser 9
acheter 398
acide (un) 12, 2734
acier (un) 2807
acrobate (un, une) 14
additionner 16
adieu 956
adorer 19
adresse (une) 17
adroit 1258
adulte (un, une) 20, 1221
aéroglisseur (un) 1390
aéroport (un) 40
affaire (une) 1750
affamé 2352
affiche (une) 2211
affiloir (un) 2585
affreux 136
affûteuse (une) 2586
Afrique 25
âge (un) 30
agenouiller (s') 1541
agent de police (un)
   615, 2185
agente de police (une)
   2186

agile 31
agneau (un) 1561
agréable 2157
agriculteur (un) 958
agripper 1207
aider 1308
aigle (un) 858
aiglefin (un) 1235
aiguille (une) 1890
aiguisé 2584
ail (un) 1107
aile (une) 3281
aile d'auto (une) 976
ailleurs (d') 239
aimable 1176
aimant (un) 1713
aimer 1644, 1695, 1696
air (un) 36
aire de jeux (une) 2155
airelle (une) 1394
aisselle (une) 98
album de photos (un)
   43
algue (une) 2553
alimenter 972
allée (une) 41
alléger 1640
aller 1157
alligator (un) 48
allongé 1930
allumer 1638, 2897,
   3102
allumette (une) 1748
alouette (une) 1577,
   2670
alphabet (un) 54
aluminium (un) 58
amande (une) 49
amasser 1341
ambulance (une) 60
amende (une) 991
amer 258
ami (un) 1073
amiral (un) 18
ampoule (une) 278,
   1639
amusant 1089
amuser (s') 1085
amygdale (une) 3022
an (un) 3323
ananas (un) 2126

ancien 63
ancre (une) 62
âne (un) 803
ange de mer (un) 1826
angle (un) 64
anguille (une) 875
animal (un) 66
animal familier (un)
   2092
animer 1668
année (une) 3323
anniversaire (un) 254
annoncer 68
annuler 410
Antarctique (l') 72
antilope (une) 73
août 126
apercevoir (s') 2361
aplatir 1020
apparaître 82
appareil-photo (un) 414
appartenir 231
appât (un) 148
appeler 409
applaudir 83, 537
apporter 351
apprécier 898
apprendre 1602
apprivoisé 2923
approcher 86
appui-tête (un) 1289
appuyer 2233, 2261
après 26
après-midi (un, une)
   27
aquarium (un) 90
arachide (une) 2060
araignée (une) 2752
arbitre (un) 2382
arbre (un) 3065
arbre à feuilles
   persistantes (un) 913
arbuste (un) 391, 2630
arc (un) 322
arc-en-ciel (un) 2338
arche (une) 91
architecte (un, une) 92
Arctique (l') 93
ardoise (une) 2676
arête (une) 2420
argent (l') 1824, 2644

argent liquide (l') 454
argile (une) 540
arme (une) 3222
armé de piquants 2238
armoire (une) 401
armure (une) 97
arracher 2948
arranger 100
arrêt (un) 2829
arrêt d'autobus (un)
   390
arrêter 101, 2830
arrêter un instant (s')
   2050
arrière 1335
arriver 102, 1265
arrosoir (un) 3211
artichaut (un) 104
articulation (une) 1494,
   1548
artiste (un, une) 105
as (un) 10
ascenseur (un) 886
Asie (l') 109
asperge (une) 112
aspirine (une) 113
assassiner 1858
assez 900
assiette (une) 2151
assoiffer (être) 2977
asticot (un) 1710
astronaute (un, une)
   115
astronome (un, une)
   116
astucieux 3271
atelier (un) 3303
athlète (un, une) 118
atlas (un) 119
atmosphère (une) 120
atome (un) 121
âtre (un) 1002
attacher 122, 250, 960,
   2997
attaque (une) 2334
attaquer à (s') 2906
atteindre 2357
attendre 924, 3184
attendre à (s') 924
attention (faire) 123

e

m

rosée (la) 756
rossignol (le) 1912
rôti (le) 2439
roue (la) 3247
roue de secours (la) 2741
rouge 2377
rouge à lèvres (le) 1660
rouge-gorge (le) 2441
rougeole (la) 1760
rougir 294
rouille (la) 2480
rouleau (le) 2447
rouleau à pâtisserie (le) 2450
rouler 2448
roussir 2531
route (la) 2437
royal 2464
ruban (le) 2415
ruban adhésif (le) 2930
rubis (le) 2467
ruche (la) 80, 218, 1340
rude 564
rue (la) 2847
ruelle (la) 47
rugir 2438
rugueux 2460
ruine (la) 2471
ruisseau (le) 356, 667
rusé 3271

S

s'il vous plaît 2158
sable (le) 2498
sables mouvants (les) 2315
sablier (le) 1388
sabot (le) 1365
sabrer 2675
sac (le) 147, 2215, 2294, 2483
sac de couchage (le) 2679
sacoche (la) 2294
sacré 2484

sacrer 1354
sage 3286
saigner 274
sain 1291
saisir 559, 1207, 2560
saison (la) 2550
salade (la) 2492
sale 776, 989, 1204
saleté (la) 775
salir 2700
salle à manger (la) 771
salle de bains (la) 193, 3205
salon (le) 1669
saluer 1201, 2496
salut 1305
samedi (le) 2505
sandale (la) 2499
sandwich (le) 2500
sang (le) 284
sanglier (le) 295
sans espoir 1370
sapin (le) 996, 2125, 2777
sardine (la) 2502
satellite (le) 2503
satin (le) 2504
sauce (la) 2506
saucisse (la) 2507
saule (le) 3269
saumon (le) 2494
saupoudrer 2775
sauter 1368, 1500, 2216, 2665
sauter (faire) 270
sauter dans 1501
sauter sur 1502
sauterelle (la) 1189, 1679
sauteur (le) 1503
sautiller 1368
sauvage 3268
sauver 2404
sauver (se) 2476
savoir 1547
savoir parfaitement faire 1746
savon (le) 2715
savourer 898
savoureux 2939
scarabée (le) 221

scène (la) 2523
scène du théâtre (la) 2786
scie (la) 2509
scier 2510
scintiller 3115
sciure (la) 2511
scooter (le) 2530
scout (le) 2533
sculpteur (le) 2542
seau (le) 368, 1994
sec 842
sèche-cheveux (le) 1240
sécher 843
sécheuse (la) 845
second (le) 2554
secouer 2579
secourir 2404
secours (le) 34
secret (le) 2555
seigle (le) 2482
sel (le) 2495
selle (la) 2486
semaine (la) 3232
sembler 2559
semer 2737
sensible 2565
sentier (le) 2046
sentinelle (la) 2567
sentir 2701
sentir (se) 973
sentir mauvais 2380
sentir très mauvais 2821
séparé 78
sept 2570
septembre 2568
septième (le, la) 2571
serpent (le) 2707
serpent à sonnettes (le) 2350
serpentin (le) 573
serre (la) 1200
serrer 536, 2781, 2999
serrer dans ses bras 890
serrer les uns contre les autres (se) 1395
serrure (la) 1677
service (le) 966

serviette (la) 349, 1874, 3039
servir 2569
seuil (le) 2983
seul 51, 1951
seul (être) 1684
sève (la) 2501
shampooing (le) 2581
short (le) 2618
si 1422
siècle (le) 476
siège (le) 2551
siffler 3260
sifflet (le) 3259
signaler 2639
signature (la) 2640
silencieux 2641
simple 2645
singe (le) 79, 1825
singulier (le) 2647
sirène (la) 1774, 2651
sirop (le) 2901
siroter 2650
six 2654
sixième (le, la) 2655
ski (le) 2661
ski nautique (le) 3216
skier 2662
soeur (la) 2652
sofa (le) 2719
soigné 299
soigneux 2995
soirée (la) 2033
sol (le) 1029, 1216
soldat (le) 2721
soldes (les) 172, 2493
sole (la) 2722
soleil (le) 2868
solitaire 1684
sombre 768
sommeil (avoir) 840
sommeiller 810
sommet (le) 2058, 3028
somnolent (se sentir) 2680
son de la cloche (le) 2059
sonner 2426
sorcier (le) 2728